回马金枪

退马攻防190例

杨仕俊◎编著

经济管理出版社·棋书中心

图书在版编目（CIP）数据

回马金枪/杨仕俊编著．—北京：经济管理出版社，2013.5
ISBN 978-7-5096-2397-8

Ⅰ.①回… Ⅱ.①杨… Ⅲ.①中国象棋-基本知识 Ⅳ.①G891.2

中国版本图书馆 CIP 数据核字（2013）第 064741 号

组稿编辑：张　达
责任编辑：张　达
责任印制：杨国强
责任校对：超　凡

出版发行：经济管理出版社
　　　　　（北京市海淀区北蜂窝 8 号中雅大厦 A 座 11 层　100038）
网　　址：www.E-mp.com.cn
电　　话：（010）51915602
印　　刷：北京京华虎彩印刷有限公司
经　　销：新华书店
开　　本：720mm×1000mm/16
印　　张：11.25
字　　数：208 千字
版　　次：2013 年 8 月第 1 版　2013 年 8 月第 1 次印刷
书　　号：ISBN 978-7-5096-2397-8
印　　数：1-4000 册
定　　价：23.00 元

前　言

　　在棋战中，避实就虚是制胜的要略。回马枪就是先避其锋芒，假装逃逸，使敌人麻痹大意，然后趁敌方不备，采取猛然回击，用闪电般的速度，把对手消灭于疏忽大意之中。

　　《回马金枪》就是用诸多典型局例来专门阐述这一战术的理论。为使棋手更多地了解该战术在实战中的运用效果，作者还重点精选一些棋坛高手在历次重大比赛中弈成的战例进行分析。书中佳局美不胜收，析解详明，点评精到，富有新意，有利于提高象棋爱好者对象棋战术的了解和实战能力。

　　该书与作者的《骏马驰骋》（人民体育出版社出版）是姊妹篇。如能将两本书结合起来研读，能收到更好的效果。

杨仕俊

2013 年 5 月于北京

目　录

第1局　回马金枪一步倒

如图1形势，是一局古谱翻新的典例。从这局棋中我们就可以感悟到回马枪的强大威力。着法如下：

1. 马七退五

这步回头马，走得出人意料。一步就置对方于死地，符合题意。以下黑方有几种应法，都摆脱不了红方的绝杀。

（1）炮5退2，车二退一即杀；

（2）将6平5，车二平三，士5退6，马五进七，将5进1，车三退一即杀；

（3）卒2平3，车二平三，将6进1，马五退三，将6进1，车三退二，将6退1，车三平二，将6退1，车二进二。

红胜。

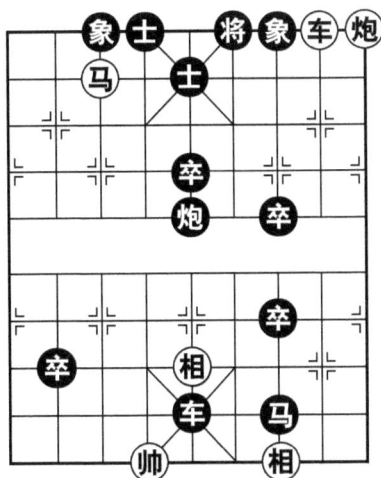

图1

第2局　退马避敌保平安

如图2形势，黑车威力无比，可以四面攻击，红方城池安全岌岌可危。但红马的联防作用充分发挥出来，使城池最后平安无事。着法如下：

1. 马八退九

本局红方这步退马，非常重要，保住了七路兵；而七路兵又可保证七路相不受黑方侵犯；同时七路相和帅又可守卫中相不会丢失。这样，马兵双相联合防御，红帅平安无事，故成和局。

试演几种走法，均属和局。

（1）车9进6，帅五进一，车9平6，帅五平六，车6平5，相五进三，车5退

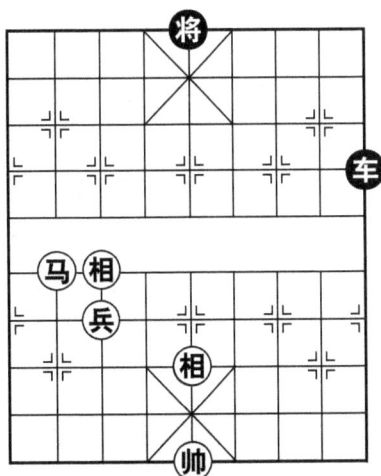

图2

4，相三退五，黑方破不了相，成为和棋。

（2）车9平4，帅五进一，车4进6，帅五平四，车4平5，相五进三，车5退4，相三退五，黑方也破不了相，还是和棋。

（3）车9进6，帅五进一，车9退1，帅五退一，车9平4，马九进八，车4退2，马八退九。黑方也无法攻破，终成和局。

第3局　退马闪击建奇功

如图3形势，黑只要再走马9进7，即可绝杀。在这万分危急之时，红方利用先行之利，大胆退马虎口，快速闪击，抢先获胜。着法如下：

1. 马八退六　……

这步退马回士角，有胆有识，可以利用小兵的威力，组织有力的闪击。

1. ……　　马9进7

2. 兵六进一　……

弃兵妙着，引黑将出山。黑将出山后，就便于用双马饮泉的方法攻杀。

2. ……　　将5平4

3. 前马进八　将4平5

黑方如将4进1，红马六进八速胜。

4. 马六进七　将5平4

5. 马七退五　将4平5

6. 马五进三

红胜。

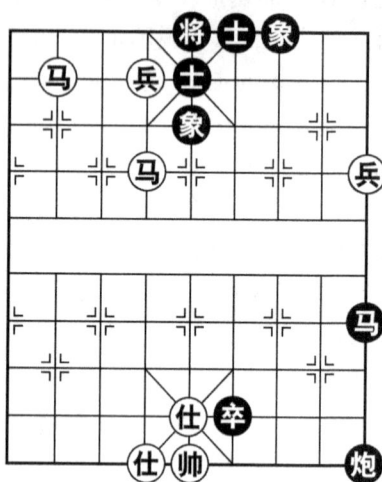

图3

第4局　叶底藏花马踏相

如图4形势，黑方利用红方窝心马的弱点，突施妙手取得胜利，充分展示了马在进攻中深藏的玄机。着法如下：

1. ……　　马5退7！

黑马踏相后，藏有车7平1或车7平4吃车催杀的手段。红如相五进三，

炮 8 进 7，马五退三，车 7 平 5，将军
抽炮。

  2. 车六平三　　车 7 平 1！

  3. 车三退二　　前车进 3

  4. 马五进七　　卒 3 平 4！

  5. 马七进六　　后车平 4

  6. 炮五进一　　车 1 退 4

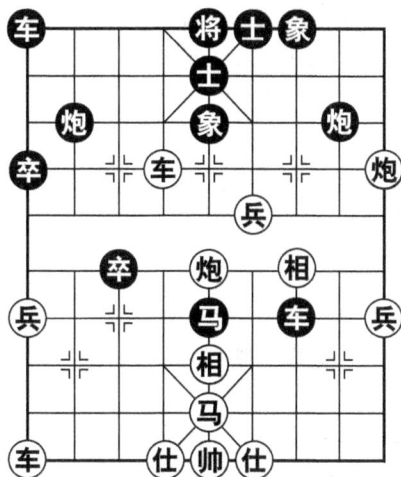

图 4

此着就是黑方筹谋的兑子消耗战术，
既可消除红方炮一进三天地炮的杀势，
又欺红方单车不肯兑车的弱点，迫使其
退炮防捉马。

  7. 炮一退二　　炮 2 进 7

  8. 相五退七　　车 4 平 3

  9. 炮一进五　　炮 8 进 7

至此红方认负。如接走帅五进一，则车 3 进 8，帅五进一，车 3 退 1，马
六退七，车 1 平 7，马七退八，车 7 进 2，帅五退一，车 7 进 1，师五进一，车
7 平 2，捉死红马后，形成黑方车炮卒士象全必胜红方双炮双兵单缺相的局面。

第 5 局　　战马打滚兵征程

如图 5 形势，红马在炮的配合下辗转
攻杀，使黑方防不胜防，最后败下阵来。
着法如下：

  1. 马七退九　　……

红退马咬象找位，前后转战，左右
调动，一举多得，是本局组织进攻的
关键。

  1. ……　　　　将 4 退 1

如象 3 退 1，马九退八，卒 3 平 2，
马八进七将军抽马。这步吃马与上步退
马有深层次的联系。

  2. 马九退七　　将 4 平 5

  3. 炮六退一　　马 5 进 6

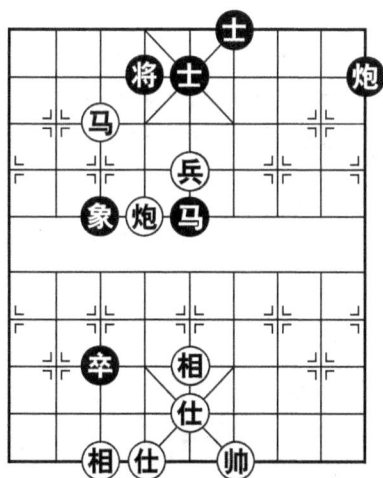

图 5

4. 炮六平四　将5平4　　　5. 仕五进四　卒3平4

6. 仕六进五　卒4平3　　　7. 马七进九　马6退4

8. 马九进七　将4进1　　　9. 炮四进四　士5进4

10. 兵五进一　……

此着进兵涉险叫杀，准备马七进八，将4退1，炮四平九，迫使黑方疲于应付。

10. ……　　　炮9退1　　　11. 马七退六　炮9进4

12. 帅四平五　……

此着为了避兑，如急走马六进四，则炮9平6，炮四退三，马4退6兑炮，即可成和棋。

12. ……　　　炮9平5　　　13. 马六进七　炮5平3

14. 马七退六　炮3退1　　　15. 炮四平一　炮3平4

16. 马六进四　马4退5　　　17. 马四进二　马5退7

18. 炮一退一　马7进8　　　19. 兵五平六　将4平5

20. 兵六平五　将5平4　　　21. 兵五平六　将4平5

22. 兵六平五　将5平4　　　23. 炮一进一　马8退7

24. 炮一退一　马7进8　　　25. 炮一退三　马8进6

26. 炮一进四　马6进8　　　27. 马二进四　士6进5

28. 兵五进一　将4进1　　　29. 马四退二　将4平5

30. 兵五平四　将5平4　　　31. 炮一退一　将4退1

32. 马二退四　炮4进3　　　33. 兵四平五　将4退1

34. 炮一平四　炮4平3　　　35. 炮四进二　炮3平5

36. 帅五平四　炮5退4　　　37. 炮四退二　炮5进4

38. 仕五退六　炮5退3　　　39. 炮四进二

以后再马四进三，红胜。

第6局　回马金枪刚有柔

如图6形势，红方面对黑方强大的进攻火力，不硬打硬拼，刚中有柔，轻轻退马回底线，积蓄力量后再吹响冲锋的号角。这样的胜利别有一番情趣。着法如下：

1. 马三退二　……

这步棋既保护了中相，又对黑方下步平炮的进攻做好了防范准备，同时还隐藏着飞相赶车的棋，走得非常细致。

1. ……　　　炮 5 平 7

2. 相三进一　车 6 退 4

3. 车七平六　卒 3 进 1

4. 炮七退四！车 7 平 2

5. 车二进二　车 2 进 1

6. 兵六进一　卒 3 进 1

7. 车二平七　马 3 进 4

此着如改走车 6 退 2，则兵六进一，炮 7 平 4，炮七进七，马 5 进 3，车七进三，车 2 退 2，车七平六，车 6 平 4，车六进七，车 2 进 1。这样，黑方虽然少一匹大马，但多两个卒，经过捉兵兑子尚有和棋希望。

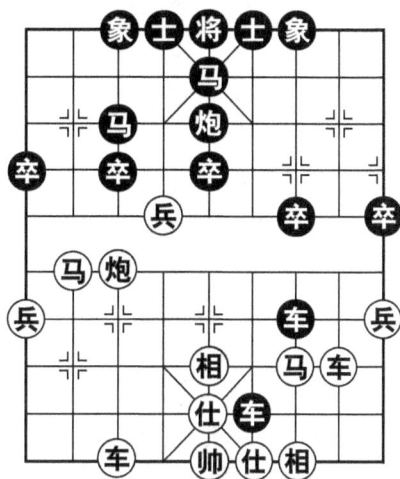

图 6

8. 马八进七　马 5 进 4　　　　　9. 马七退六！……

这步退马相当精妙！踩车、打象、保相、顶马头，多种效果全面体现，是这局棋获胜的关键。这匹马在后来的进攻中，也产生了非常重要的作用。

9. ……　　　车 6 退 2　　　　10. 炮七进九　士 4 进 5

11. 炮七平九　前马进 6　　　　12. 车七进五　士 5 退 4

13. 马六进五！……

精彩献马，漂亮之极。前面回马枪的功能全面展现出来！

13. ……　　　象 7 进 5　　　　14. 车六进六　象 5 退 3

15. 车六进三　将 5 进 1　　　　16. 车六平五

红胜。

第7局　回马踏兵风云起

如图 7 形势，随便一看，似乎风平浪静。黑方虽多两卒一象，但红多一炮，守和看似没问题。但黑方着法老练，回马踏中兵掀起了一场中残局搏斗的巨浪。最后经过艰苦的搏杀，黑方终于高奏凯歌。着法如下：

1. ……　　　马 4 退 6

如改走车 9 平 7 捉相，则车七平六，卒 3 平 4，车九平七，红方局面打开，黑方没有便宜。

2. 车九平五　　马 6 进 7

3. 车七平六　　车 3 平 2

4. 炮七平六　　车 2 进 9

5. 车六平七　　车 9 平 7

6. 马九退七　　车 2 退 6

7. 相三进一　　马 7 退 9

8. 兵五进一　　马 9 进 8

9. 炮六进一　　车 7 平 4

10. 相一退三　　……

红方应改走帅五平六，则卒 5 进 1，车五进三，马 8 进 7，相一退三，车 2 平 3，马七进九，黑方一时还没有进取的机会。

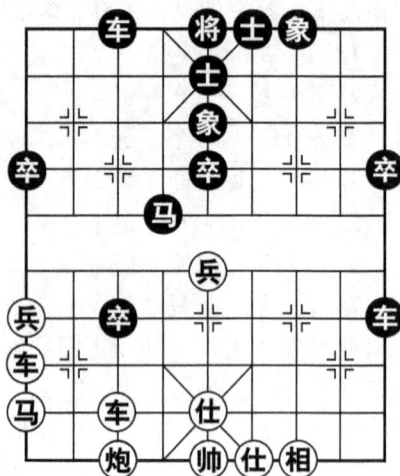

10. ……　　　　卒 5 进 1

11. 车五进三　　卒 3 进 1

12. 车七进一　　车 4 进 2

13. 车五平四　　车 2 进 6

14. 车七进一　　卒 9 进 1

15. 相三进五　　卒 9 进 1

16. 车四退二　　马 8 进 7

17. 车四退二　　马 7 退 8

18. 车四进五　　车 2 平 1

可以改走卒 1 进 1，对局势也有利。

19. 车四退三　　马 8 进 7

20. 车四退二　　马 7 退 8

21. 车四进五　　象 5 进 3

22. 车四退三　　马 8 进 7

23. 车四退二　　马 7 退 8

24. 车四进五　　象 7 进 5

25. 车四退三　　马 8 进 7

若改走卒 9 平 8，则车四平三，黑方没有好处。

26. 车四退二　　马 7 退 8

27. 车四进五　　车 1 平 2

28. 车四退三　　马 8 进 7

29. 车四退二　　马 7 退 8

30. 车四进四　　将 5 平 4

31. 车四退二　　马 8 进 7

32. 车四退二　　马 7 退 8

33. 车四进四　　车 2 退 1

黑方退车巧妙，潜伏下马 8 进 7 的好着，以下红如车四退四，则车 4 进 1，仕五退六，车 2 平 6，红方难于应付。

34. 车四退四　　卒 9 进 1

35. 兵九进一　　车 2 退 3

36. 车四进二　　将 4 平 5

平将是步细致的应着，如改走车 2 平 1，则车七平六，车 4 退 2，车四平六，将 4 平 5，车六平三，黑方取胜将颇费周折。

图 7

37. 车七进一 车2进1	38. 车四退二 车2平5
39. 车七退二 车4退3	40. 车七进二 车4进1
41. 车七退二 车4平1	42. 马七进八 车5平2
43. 马八退七 车1退1	44. 马七进六 车2平4
45. 相五退七 卒1进1	46. 车四进二 马8进7
47. 车四退二 车1平7	48. 车七平八 卒1进1
49. 车八进七 士5退4	50. 车八退六 车4平2
51. 马六进八 马7退8	52. 马八退六 士4进5
53. 帅五平六 马8退7	

黑方退马是步灵活之着法，可使9路卒顺利进行攻击。以下黑方车马双卒士象全必胜红方的车马单缺相。

第8局　大胆窝心退为进

如图8形势，因为黑马向前出路不会乐观，所以黑方走了人们忌讳的窝心马。这说明在特殊的客观条件下，必须采取特殊的应对措施。着法如下：

1. ……　　　马3退5
2. 车八平五　马6退7

黑方连续退马窝心又踩车，极妙！目的就是要在红方空虚的右翼发动进攻。

3. 车五平七　马7进9
4. 车七平一　马5进7

此时黑暂不宜走炮8平9，因红方有车一平五控制窝心马并与红马连根的棋，黑抽不到车。

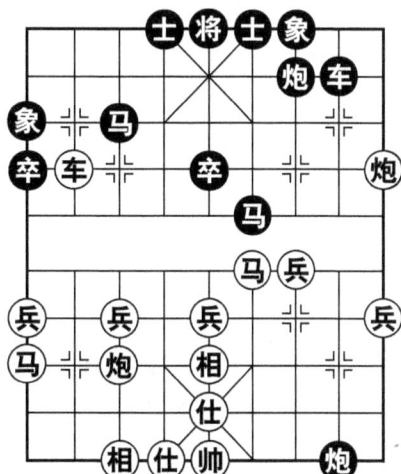

图8

5. 车一平四　炮8平9	6. 仕五进四　炮7平2
7. 炮七平八　车8进8	8. 帅五进一　车8退1
9. 帅五退一　炮2平8	10. 兵三进一　马7进9
11. 兵三平二　马9进8	12. 相五进三　炮8平5
13. 相七进五　炮5进6！	

中炮果断轰相，红方防线立刻被摧毁。

14. 相三退五　马8进9　　15. 仕六进五　车8进1
16. 仕五退四　马9进7　　17. 帅五平六　车8平6
18. 帅六进一　车6退1　　19. 仕四退五　车6平5
20. 帅六平五　炮9退1
黑胜。

第9局　回马送车作牵引

　　如图9形势，红马和车配合照将，迫使黑方必须回防。充分展现了马的牵引力量。着法如下：

1. 马一退三　马7退6
2. 车一进三！车9退4
3. 兵六平五　将5进1
4. 车四进五！
红胜。

注：本局第2着红车一进三属弃子引离战术，第4着车四进五属弃子吸引战术。车四进五以后，黑如将5平6，红马三退四马后炮杀；黑如将5退1，则红车四平六，将5平6，兵五平四杀！

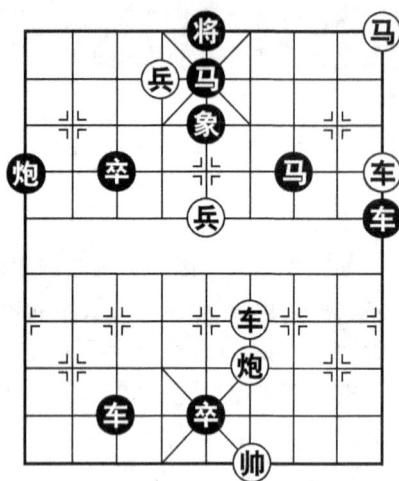

图9

第10局　金枪回马扫士象

　　如图10形势，我们可以欣赏到马的吃子能力。本局红方双炮双马攻士象全，必须步步照将，才能取胜。局中杀法展示了马炮联攻的规律和特点，颇有实用价值。其中最值得注意的是，要掌握马步和带将抽吃对方士象的时机。黑方虽然士象齐全，但后来被红马连将全部吃光。着法如下：

1. 马一退三　将5平4　　2. 马九进八　将4进1
3. 马三退五！士5进6　　4. 马八退七　将4进1
5. 马七退五　将4退1　　6. 前马退七　将4退1
7. 马七进八　将4进1　　8. 马五进四　象7进5

9. 马八退七　将4退1

10. 炮一进一　士6进5

黑如象5退7，红马七进八杀！

11. 马四进三　士5退6

12. 马七进五！　将4进1

红方连续照将吃掉最后一只黑象。

13. 马五退七　将4平5

14. 马七退五　将5平6

15. 马三退二

红胜。

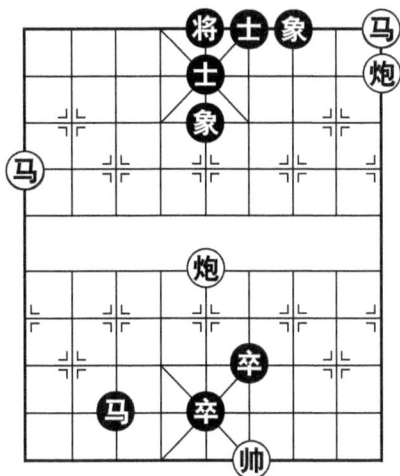

图10

第11局　回马双控巧破士

如图11形势，红方利用马的特点，在帅、兵的配合下，用等着破士获胜。我们可以体会到马在棋战中的控制能力。着法如下：

1. 兵七进一　将4退1

2. 兵七平六　将4平5

3. 马八退六　将5平6

4. 帅五平四！　将6平5

5. 马六退四！

本局黑卒位置不利，为红所利用。红马六退四后，黑方来不及倒士，因有马四进二，捉士又捉卒，两者必失其一，则红方巧胜。

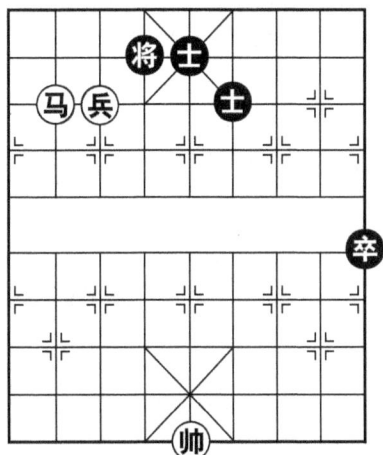

图11

以下黑方如卒9进1，马四进二，卒9平8，则马二进三，将5平6，兵六平五破士胜。

第12局　灵活运马闹九宫

如图12形势，红方车马进攻车双象双卒，在取势上难度较大。红方需要通过马的灵活运转，打乱黑方的防守，才能取得谋胜的机会。红方先行：

1. 马六退五！将5退1
2. 马五进七　将5平6
3. 车七平二　卒8平9
4. 车二进一　将6进1
5. 车二平五　车6进1
6. 车五平六　车6平3
7. 车六退一　将6退1
8. 马七进五　将6进1
9. 车六平八　将6进1

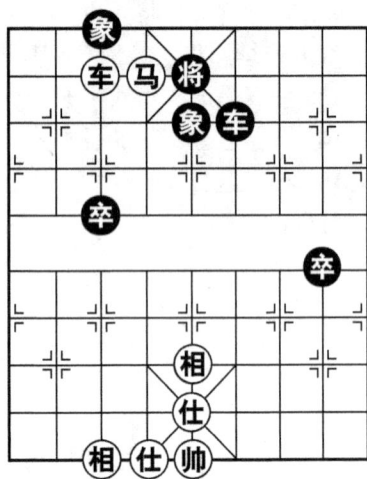

图 12

如改走将6退1闪避，则马五退三，将6平5，车八平一，将5平4，车一退四，红方有胜机。

10. 马五退三　车3平7　　　11. 马三进四　象5退7
12. 车八平五　车7平4　　　13. 马四退六！卒9平8
14. 仕五进六　车4退1　　　15. 相五退三

红胜。

第13局　回马金枪成妙杀

如图13形势，红方先行，经过连续16步照将，最后以"回马金枪"妙杀取胜。

1. 车三平四　将6进1　　　2. 兵三平四　将6平5

小兵开始步步追杀，黑方只能应付。

3. 兵四平五　将5平4　　　4. 兵五进一　将4退1
5. 兵五进一　将4进1　　　6. 兵五平四　将4退1
7. 马五退四！将4进1

红马开始从黑方王宫解放出来，并形成马炮兵配合攻杀。

8. 马四退五　将4退1

9. 马五进七　马2退3

10. 兵四平五　将4进1

11. 马七退五　将4平5

12. 炮二平五　马3进5

13. 马五进七　将5平6

14. 兵二平三　马5退7

15. 马七退五!

红胜。

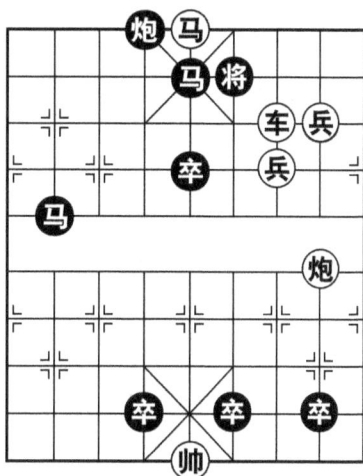

图13

第14局　回马金枪布杀机

如图14形势，双方均为车马炮，红方多一兵，但少一仕，子力占位也各有千秋。从局势上分析似乎难分伯仲，当前红马被捉，现轮红方走子：

1. 马三退一　车6平9

2. 马一退三　……

边马退三捉炮，促成兑子，"瞒天过海"之计。

2. ……　　　象5进7

正着，不吃炮而飞象盖马，红方的计谋已被识破。如改走车9退1，则马三进五，车9进3，车六进六，将6进1，车六平三伏马五退三的凶着。如续走士5进4，则车三退一，将6进1，马五进六，红胜。

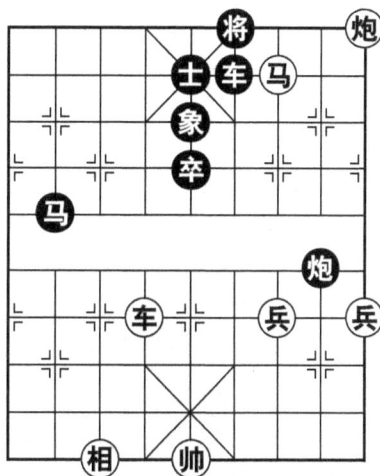

图14

3. 车六进二　马2退3

4. 车六平七　车9平7

5. 车七平三　炮8退3

6. 兵三进一　将6平5

7. 马三进一　炮8平5

以上一段，黑方以象为饵料，拴链红方车马，红方进兵使车生根，实际车马均活了。

8. 帅五平六	车7进3	**9.** 兵三进一	炮5平6
10. 马一进三	将5平6	**11.** 兵三平四	马3进4
12. 兵四进一	炮6平4	**13.** 帅六平五	卒5进1
14. 炮一退五	卒5进1		

红方退炮河口叫杀。让黑卒5进1是"引蛇出洞"。黑如改走马4进5，红可炮一平四，马5退6，马三退五，红方得马胜定。

15. 炮一进一 ……

精彩！难得的一步妙着。

15. ……	将6进1	**16.** 炮一平四	士5进6
17. 兵四进一	将6平5		

如改走将6进1，则马三退四，得马胜。

18. 炮四平二	将5平4	**19.** 兵四平五	

黑方认负。

第15局　避实就虚抢速度

如图15形势，双方以中炮七路马对龟背炮布局演变至此。红马避实就虚，以退为进，威胁黑车，抢先夺势，最后以避实击虚的手段夺子得胜。实战着法如下：

1. 马三退五 ……

红方脚踏实地地走了一步窝心马，这匹马转向左翼才是必然，并同中炮配合威胁黑车，夺取了局势的主动权，进而扩大了优势。

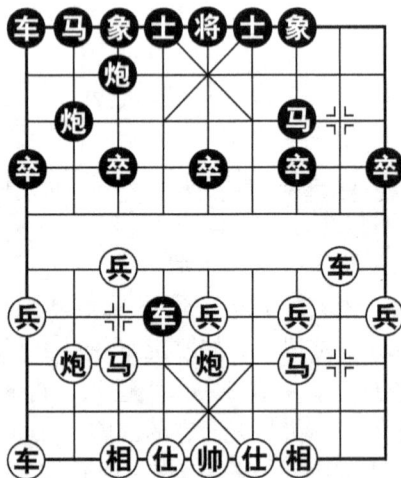

图15

1. …… 车4平3

2. 炮五平四 ……

卸炮打车，着法紧凑，好棋。

2. ……	炮3平5	**3.** 相七进五	炮5进5
4. 马七进五	车3平5	**5.** 马五进七	车5平7

至此，黑方虽然多卒，但有效步数亏损，红子力灵活占优。

6. 仕六进五	象 3 进 5	7. 车九平六	士 6 进 5
8. 马七进六	马 2 进 1	9. 马六进七	车 7 平 6

如改走炮 2 平 3，则炮八进五攻象，黑难以应付。

10. 车六进八	炮 2 进 1	11. 马七退六	车 6 退 3
12. 炮八进三	……		

进炮伏打死车，着法有力。

12. ……	卒 7 进 1	13. 车六平八	车 6 平 8
14. 车二平四	卒 5 进 1	15. 兵七进一	卒 5 进 1
16. 车四平五	象 5 进 3	17. 炮四平三	马 7 退 9
18. 马六进五	炮 2 平 4	19. 马五退三	炮 4 平 7
20. 车五进二	象 7 进 5	21. 炮三进四	象 5 进 7
22. 炮三平九	……		

巧打双车，多子胜定。炮三进三也可以，但这样更凶狠。

22. ……	马 1 进 3	23. 车五平二	马 9 进 8
24. 车八退二	马 8 退 6	25. 车八平七	

红多子胜定。

第16局　弃车回马有胆略

如图 16 形势，黑方的双巡河炮非常灵活，红方双马也在河沿"坐观"。黑伏炮 8 平 5 打将抽车，而红马却又咬着黑炮，双方必然兑子。实战中红不怕抽车，使出回马枪绝招！现轮红方走棋：

1. 马四进六　……

部署就绪，由"坐观"转为出击。

1. ……　　　炮 8 平 5

2. 车二平五　炮 5 进 4

必须打车，否则红方上相，车可脱逃。

3. 仕六进五　车 4 平 3

4. 车九平八　卒 5 进 1

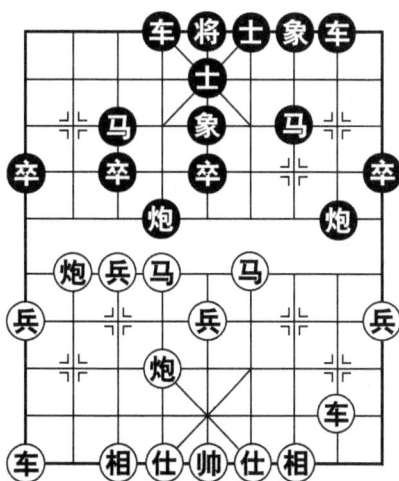

图 16

5. 后马退四 ……

走得机警细致，回马枪的绝着已现。如前马进七，车 3 进 2，炮八进五，车 8 进 5，炮八平九，士 5 进 4，红马没有进路，黑优。

5. ……	卒 3 进 1		**6. 兵七进一**	马 3 进 5
7. 炮八平七	车 3 进 4		**8. 车八进九**	象 5 退 3

必须退象。如车 3 退 4，马六进八催杀，红方胜势。

9. 炮七进五	车 3 平 4		**10. 炮七平四**	士 5 退 4
11. 炮四平二	马 7 退 8		**12. 车八退三**	马 8 进 7
13. 车八平九				

红方大占优势，结果胜。

第17局　迂回运马打江山

如图 17 形势，红方虽然净多双兵，但能否取胜并无把握，如果不把左马调出，仅凭阵前的一车一炮难以发动攻势。针对黑方双炮过河的封锁形势，红方采取迂回运马策略。着法如下：

1. 马七退五 ……

顺着棋局发展的自然迂回，从右面冲出参战，这是一步高级的运子方法，使冰封的局面开始融化。

1. ……	车 2 进 4
2. 马五进三	卒 2 进 1
3. 兵九进一	车 2 平 6
4. 仕四进五	车 6 进 2

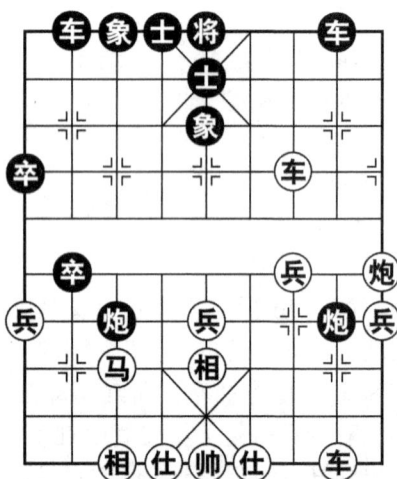

图 17

5. 马三进四	车 6 平 5		**6. 兵三进一**	车 5 平 6
7. 马四进六	炮 3 退 2		**8. 炮一平五**	……

红马先是绕道飞越楚河，继而三兵渡河、补架中炮，各子凝聚成一股强大的攻击力量。

8. ……	车 6 平 4		**9. 马六进四**	炮 3 退 3
10. 兵三平四	卒 2 平 3		**11. 车二平三**	炮 8 进 3
12. 后车进三	将 5 平 6		**13. 后车平六**	卒 3 平 4

14. 炮五平一 卒 4 平 5	15. 马四退六 卒 5 平 6
16. 马六进八 炮 3 平 4	17. 兵四平五 车 8 进 6
18. 马八进七 车 8 平 9	19. 炮一平七 士 5 进 4

20. 兵五进一

红优，结果获胜。

第18局 退马灵活有佳着

如图 18 形势，双方以飞相进七兵对三步虎布局。演变至此，红方审时度势，针对黑起横车企图平左侧威胁自己右翼的行动，决定以退为进，灵活出击。实战着法如下：

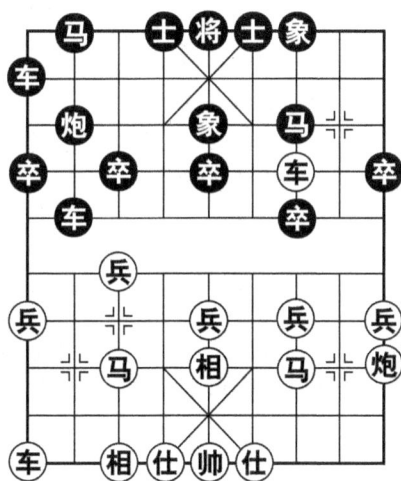

1. 马三退五 ……

退马灵活，从左翼出击，佳着。

1. …… 车 1 平 8
2. 马七进六 车 2 平 4
3. 车九平八 ……

抢先之着，牵制黑方马炮。

3. …… 马 2 进 4
4. 马五进七 炮 2 平 4
5. 车八进八 ……

进车牵制，着法含蓄。

5. …… 车 8 平 7
6. 炮一进四 ……

边炮马口击卒，是争先夺势的一步好棋。

6. …… 车 7 平 8

如炮 4 进 1 打车，车三进一，车 7 进 1，炮一平六，马 4 进 6（如车 4 退 1，马六进四，捉双车），炮六平九，红优。

| 7. 炮一退二 炮 4 进 3 | 8. 马七进六 车 4 进 1 |
| 9. 车三进一 车 4 进 1 | 10. 车八平七 卒 5 进 1 |

进卒准备进马摆脱牵制，如车 4 平 5 吃兵，红边炮平六打士，黑难应。

| 11. 车三退一 马 4 进 6 | 12. 车七退二 车 4 平 5 |
| 13. 车三平四 士 6 进 5 | 14. 炮一平六 车 5 平 7 |

图 18

15. 炮六进二　车 8 进 5　　　　**16.** 兵九进一　车 7 平 6

17. 车四退三　车 8 平 6　　　　**18.** 炮六平九

至此，红方优势，结果到残局获胜。

第19局　回马护相保平安

如图 19 形势，双方由五七炮对屏风马进 7 卒演变而成。黑方双车炮在中路攻势较凶，红方决定以"釜底抽薪"之计扼制黑方的攻势。实战着法如下：

1. 马九退七！……

回马护中相，抑制了黑方攻势的发展，保证了后方的平安。

1. ……　　　　车 5 平 6

2. 炮三平四　……

黑方吃相不成又立车叫杀，前车是以后车为后盾的，这步炮三平四顿使黑方火热的攻势冷却了下来，是典型的"釜底抽薪"战术手段。

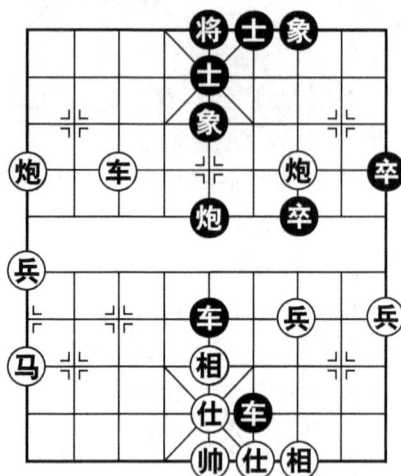

图 19

2. ……　　　　后车平 7　　　　**3.** 炮九进三　士 5 进 4

由于第 1 回合的马九退七和第 2 回合的炮三平四所构成的"釜底抽薪"战术手段收到了理想的效果，使棋局发生了质的变化，红方炮九进三沉底，开始由战略防御转为战略进攻。如改走车 7 进 3 杀相，则车七进三再车七退四抽炮，红方得子胜定。

4. 车七进三　将 5 进 1　　　　**5.** 车七退一　将 5 退 1

6. 炮四平五　象 5 进 3　　　　**7.** 马七进六　……

弃马精彩！又一个"釜底抽薪"的战术范例。如误走炮五平八，则车 6 平 5，帅五平六，车 5 进 1，黑胜。

7. ……　　　　炮 5 进 4

如车 7 平 4 吃马，炮五平八，红胜。

8. 炮五退五　象 3 退 5　　　　**9.** 马六进五

红胜。

第20局　回马兑炮减压力

如图20形势，双方由中炮对反宫马布局演变而成。分析形势可知，双方的大子、仕相均等，红多一兵，且有双兵过河，前沿马、炮占据对方卒林线，炮镇中路，左车守肋，火力很足。然而黑有一边卒过河，边炮压住红方边马，2路车畅通无阻，黑马已在对方重要阵地。此时黑方凭借先行之利，针对红帅不安于位的弱点，及时兑子，抢先发难，提前破城。实战如下：

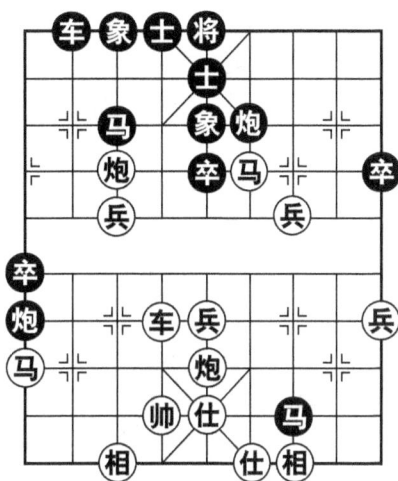

图20

1. ……　　　　　马7退5

及时用马换炮是"釜底抽薪"的战术，应用得恰到好处。明显削弱了对方的攻势，减轻了己方的压力。

2. 相三进五　车2进8

黑方进车叫将，塞住相眼，使边马脱根，引蛇出洞。

3. 帅六退一　马3进1　　　　4. 兵七平八　……

献兵延缓黑方的进攻速度，是棋手们常用的手段。

4. ……　　　　　车2退4　　　　5. 车六进三　……

进车自讨没趣，应改走兵三进一为宜。

5. ……　　　　　车2退1

退车拴住红方车炮。

6. 马四退五　卒5进1　　　　7. 车六平一　……

不能逃马，否则马1进2提死炮。

7. ……　　　　　卒5进1　　　　8. 兵五进一　马1进2

黑方得子胜定，余着略。

第21局　退马邀兑乱敌阵

如图21形势，双方以顺炮直车对横车布局演变而成。盘面上，双方形成互缠形势，但红方子力分散，已失去先行之利。实战中黑方贯彻"远交近攻"战术意图，弈出了退马踩车的佳着，经过兑子后，步步紧逼，迅速侵扰红方阵地。实战着法如下：

1. ……　　马7退8

退马邀兑，从此扰乱了红方阵形，为各个击破创造了条件。

2. 马四进二　炮7进6

3. 马二退四　……

软手，挡住自己车路，局势恶化。应改走车四退四，尚可应付。

3. ……　　炮2进2

逐车老练之着，以防红马四进五兑子。

4. 车四进二　炮7平3

平炮佳着，运用拦截战术使红方左翼呆滞，无法与右翼取得联系，为以后各个击破奠定了基础。

図21

5. 车九进一　卒3进1　　　　**6. 兵七进一　炮2退2**

7. 车四退三　炮2平3　　　　**8. 炮八进二　车4平3**

9. 兵九进一　前炮平2　　　　**10. 帅五平四　车1平2**

11. 车九平八　车2进4

兑车巧着，争先夺势。

12. 车四进一　车3进2　　　　**13. 相七进五　炮2平5**

14. 马四退五　车3平1　　　　**15. 车四退四　车1平3**

16. 兵三平四　马3进4　　　　**17. 炮八退一　马4进5**

18. 兵四平五　车2平8

平车凶着，伏下着车8进5，帅四进一，车8退1，帅四退一，车3平5杀马，沉底炮攻杀兼反抽车，至此红方无法应付。

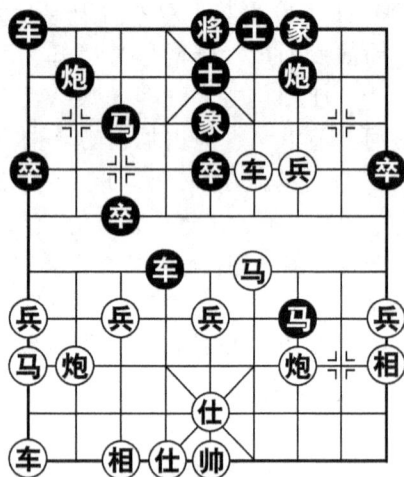

19. 炮八平七　车8进5　　　　　20. 帅四进一　车3退1

用车杀炮，至此各个击破计划圆满实现。

21. 车八进八　炮3退1　　　　　22. 车四进一　车8退1

23. 帅四退一　车3平2　　　　　24. 车八平九　车8进1

25. 帅四进一　车8退2

黑胜。

第22局　回马一枪见分晓

如图22形势，双方以中炮过河车七路马对屏风马布局而成。以下红方走了一步马三退五，准备下一手炮五平七打马谋子。摆在黑方面前的主要矛盾是如何挽救失子。一种走法是马7退5固守，另一种是卒1进1，待红炮五平七时再车3平1。前者是子力全部被围，后者是损兵折将。但这两种办法都很消极，因此黑方都未采用，而是用高级的先弃后取方法，最后用回马枪结束战斗。实战着法如下：

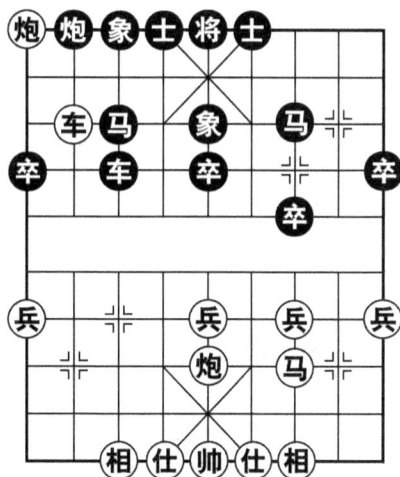

图22

1. 马三退五　……

退马准备平炮谋子，操之过急。不如炮五平六，下一手进炮压象眼积极有利。

1. ……　　　　马7进6

黑方针对红方退马急于得子的心理，果断进河口马，准备弃子。高明的棋手，不仅能集中使用自己的力量，还能调动和分散对手的子力。

2. 炮五平七　马6进7　　　　　3. 炮七进五　……

红方想吃子，就让他吃一子，这一切都在黑方的计划之中。应炮七平六，车3平4，炮六平三，车4平3，相七进五。黑方车马炮三子被牵，红优。

3. ……　　　　马7进8

黑方弃子有攻势。

4. 马五进四　马8退6　　　　　5. 帅五进一　车3进5

6. 帅五进一　马6退8　　　　　7. 车八进二　车3退6

8. 车八退七　车3进4

也可走卒 7 进 1，红方也难应付。

9. 马四进二　卒 5 进 1

不急于吃兵，着法老练。

10. 马二进四　车 3 退 1

妙极！暗伏杀机。

11. 帅五退一　车 3 进 3　　　　**12.** 帅五进一　车 3 平 6

黑方明吃马，暗抽车，局势已明显占优。

13. 车八进五　车 6 退 4　　　　**14.** 车八平五　士 6 进 5

15. 帅五退一　将 5 平 6　　　　**16.** 帅五平六　卒 5 进 1

迅速入局的佳着。

17. 兵五进一　车 6 平 4　　　　**18.** 帅六平五　车 4 平 2

19. 帅五平六　车 2 进 4　　　　**20.** 帅六进一　马 8 进 7

21. 车五退一　马 7 退 6！

红方已无法解救黑方回马枪的绝杀，黑胜。

第23局　回马弃车勇者胜

如图 23 形势，黑方多一中卒，但 3
路马被红炮瞄住，象口车也受到牵制；
而红方则仕相未补，双车也没通头。现
轮黑方走棋：

1. ……　　　　马 3 退 5

高着，大胆弃车！金枪回马，背水
一战。不是鱼死，就是网破。

2. 炮七进三　马 5 进 6

3. 帅五进一　象 5 进 3

用象飞炮，并为边炮平中让位，战
略战术配合得极为协调。

4. 马七进五　炮 1 平 5

5. 马五退四　……

图 23

退马限制黑马的活动，是逆境中的佳着。如帅五平四，车 9 平 6，红亦难
以应付。

5. ……　　　　车 9 平 5　　　　**6.** 帅五平四　炮 5 平 6

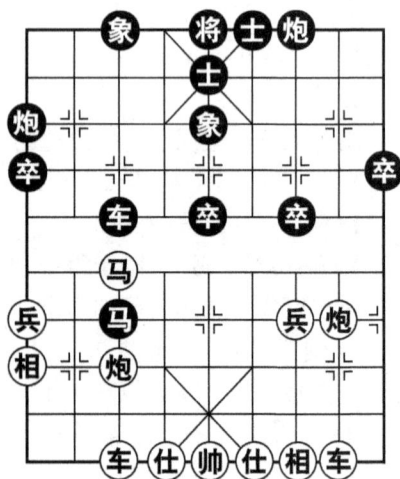

7. 车二进二　马6退4　　　　　**8.** 马四退六　士5退4

精妙！落士亮将助攻，凶狠。

9. 炮二平六　炮7进1

绝杀，黑胜。

第24局　退马诱敌建奇功

如图24形势，看似红方子力开扬，黑方的车还埋在底线，车前马又没有好的位置发展，当务之急就是要解决车的出路问题。黑方通过认真思考，走出了以下好棋：

1. ……　　　　　马7退9

黑方施展"树上开花"之计，黑马屯边，虚张声势地踏车，引诱红车捉死马，为7路底车敞开进路。

2. 车二进二　……

红方在思忖良久之后以为对方失算了，因为马屯边必死无疑，而黑7路底车杀兵捉双红有妙解，因此决定进车捉马，结果落入了黑方运筹之中，引来不少麻烦。

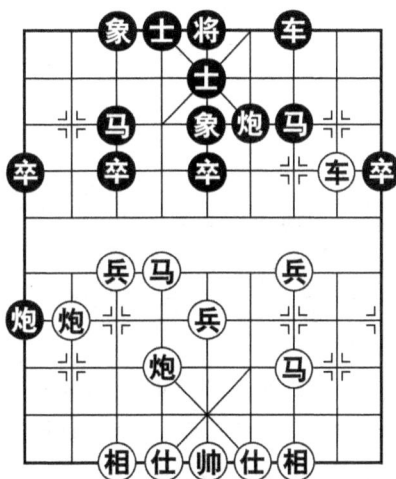

图24

2. ……　　　　　车7进5　　　　　**3.** 马六退五　车7平3

4. 车二平一　……

既来之，则吃之，不可为，而为之。如改走相七进九，则车3进2，仕六进五，车3平1，黑方同样有攻势。

4. ……　　　　　炮1进3　　　　　**5.** 车一进一　士5退6

6. 炮八平七　车3进1　　　　　　**7.** 炮六进五　车3进3

红方设法兑去黑方一炮以减轻压力，想借多子之利与之周旋，怎奈黑方车炮已保持伏抽之势，红子活动须倍加小心。

8. 炮六平四　马3退1　　　　　**9.** 车一退三　马1进2

10. 车一退二　马2进3　　　　　**11.** 车一平六　马3进1

12. 帅五进一　马1进3　　　　　**13.** 车六退二　车3退1

红方认输。

第25局　退马贴将摆迷阵

如图25形势，黑方炮被捉，如弃炮，单凭车马杀力不够。临局中黑方摆出了个迷魂阵。实战如下：

1. ……　　　马3退4

黑方退马贴将，是施展"迷魂阵"的一个步骤，希望对手能被假象所迷惑而判断错误。

2. 车二退二　……

失察。红方只要马五进七，窝心马一跳，黑便无计可施。

2. ……　　　炮2平6

3. 马五进四　　车2进3

黑得车胜。

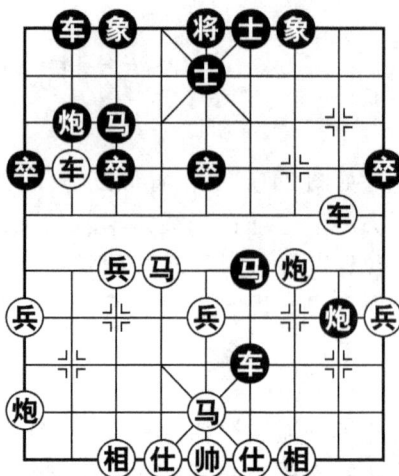

图25

由于红方未能采取跳出窝心马的正确抗击措施，黑方的侥幸之计获得成功。棋战中由于受到时间的限制，这种"迷魂阵"往往被棋路较熟的高级棋手利用。我们应该总结经验，引以为戒。

第26局　两步退马见曙光

如图26形势，是在一次国家级重大比赛中的一局棋，双方以五九炮过河车对屏风马平炮兑车布局对战。实战如下：

1. 马四退三　卒7进1　　　　**2. 马三退五　……**

红方连续两步退马，退到花心后，看到了胜利的曙光。红方走子迅速，至此只耗用两分钟，可见其早已成竹在胸。而耗时已达30分钟的黑方却突然惊觉大势不好，3路线危急，不免陷入苦思，但为时晚矣！

2. ……　　　炮2进5　　　　**3. 兵七进一　炮3平9**

4. 兵七进一　炮2平5　　　　**5. 车八进九　……**

正着。如改走兵七进一贪马，则车2进9，马七退八，车8进2，马八进七，车8平3，马七进五，炮9平5，车四平二，车3进7，红方也有顾忌。

5. ……　　　马 3 退 2

6. 炮九进四　卒 5 进 1

弃中卒是好棋。否则被红炮击卒后，红方多兵占优。

7. 兵五进一　象 7 进 5

8. 兵五平六　马 8 退 7

假若改走马 2 进 1，兵七平六，马 8 退 7，车四平五，卒 7 平 6，伏有车 8 进 4 兑车，可能会比实战效果好些。

9. 车四平五　卒 7 平 6

10. 炮九进三　士 5 退 4

11. 炮九平七　士 4 进 5

12. 车五进二　车 8 进 3

13. 兵六进一　马 7 进 8

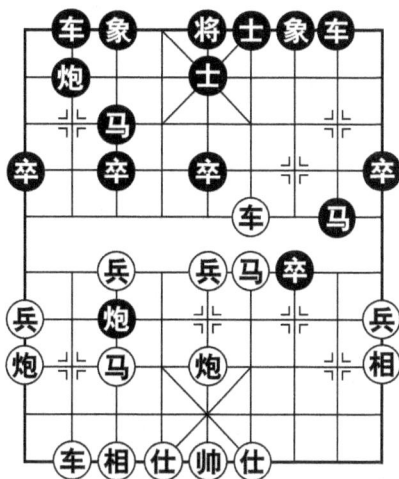

图 26

14. 车五平八　马 8 退 6

回马，准备下一手马 6 进 7 杀，可惜已经来不及了。

15. 车八进二　马 6 进 5

16. 炮七退二　士 5 退 4

17. 兵六进一　车 8 平 3

18. 炮七进二　……

次序井然。如兵六进一，士 6 进 5，炮七进二，车 3 退 3，车八平七，将 5 平 6，红方有顾忌。

18. ……　　　车 3 退 3

如士 4 进 5，则兵六进一，黑方无解。

19. 车八平七　士 6 进 5

20. 车七退五　马 5 进 7

21. 车七平三　将 5 平 6

22. 马七进五

红多子胜。

第 27 局　连弃车马定胜局

如图 27 形势，红炮镇中，前沿有车马炮策应中炮可随时向对方发动进攻。但黑方伸入红方腹地的车炮，封锁了对方的左车，又守卫住将门，左车可趁机贴将向红方底线发动进攻。双方都想先发制人。红方借先行之机，采用连弃车马的战术，一鼓作气，摧毁了将府。实战着法如下：

1. 车八进三　……

用车啃炮，惊心动魄。弃车的目的，就是要为下一步马的攻杀做准备。

1. ……   车 6 平 2

黑方平车吃车，是不可为而为之。

2. 马六进五   ……

弃马破象，又一个"自我伤害"，与前一个忍痛割爱相连贯，此举凶狠无比！

2. ……   车 2 平 6

黑方只能回守肋线，以便红方双将时出将。

3. 马五退四   ……

红方退马叫将，紧凑有力。这是一步绝妙的回马枪，使黑方连续丢子，难挽败局。

3. ……   马 7 进 5

只有垫马解将。如改走将 5 平 6，车二平四，士 5 进 6，车四进一，将 6 平 5，马四进五，黑方难应付。

4. 车二平五   车 6 退 2   5. 车五平三

红方多子胜定。

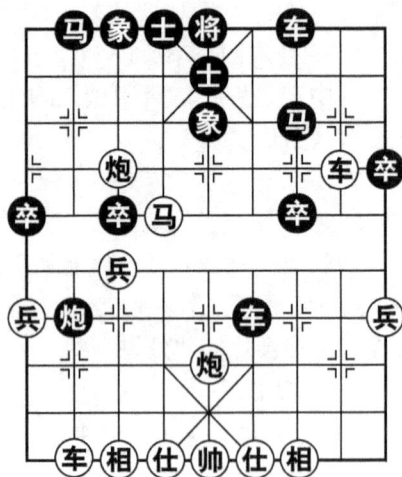
图 27

第28局   以退为进巧运马

如图 28 形势，双方以新颖的仕角炮对后补中炮布局，以后又变化成顺手炮直车对左炮封车形势。战至第 13 回合，黑方平三路炮瞄马叫闷，牵制红方底线；同时又巧妙地把右马从后方运到左面配合出击，达到了出人意料的效果。实战着法如下：

1. ……   马 4 退 6

这步退马，既出乎意料，又在情理之中。欲进先退，在棋战中已为人所共知，看似闲着、等着、软着的棋，最易让对手中计，当图穷匕首见的时候，对手已处于被动之中。该局的最后结果就

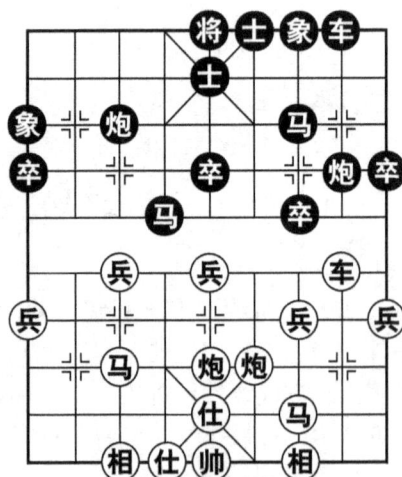
图 28

是这样。如改走马4进5，马七退九，马5退3，相七进九，马3进1，马三进四，红方先手。

2. 马三进四　马6进8　　　　　**3.** 车二平四　马8进7

4. 车四平二　马7退8

这匹回跳的马，进到8路打车后，借机吃掉一个兵，现在棋尽又恢复原型，黑方白得红方一兵，退马的精彩之处于此可见一斑。

5. 车二平一　……

如改走车二平四，马8进9又可吃掉一兵。

5. ……　　　　卒9进1　　　　**6.** 车一进一　卒7进1

乘势过卒，先手逐渐扩大。

7. 兵五进一　马8进6

压住马脚，又为8路炮沉底叫将开辟了通道。另有三种着法：①卒7进1，马四进三，象7进5，马三进五，红方优；②卒7平6，马四进六，以后马踩中卒，红方不难走；③卒5进1，马四进五，红方优。

8. 炮四平二　炮8平6　　　　　**9.** 兵五平四　卒7进1

10. 兵四进一　车8进7　　　　**11.** 马四进六　马6进4

12. 车一平三　……

如马七退九逃马，则车8进2，红方难以应付。

12. ……　　　　炮3进5　　　　**13.** 炮五平六　……

如车三进二，马4进3，帅五平四，炮3进2，帅四进一，车8进1，帅四进一，车8退3，黑胜。

13. ……　　　　马7进8　　　　**14.** 相七进五　车8进2

15. 仕五进四　炮3退1　　　　**16.** 车三退一　卒5进1

17. 仕六进五　卒7平6　　　　**18.** 兵一进一　马8进6

至此，红方全局受困，黑方多子胜定。

第29局　回马强兑挽败局

如图29形势，双方由五九炮过河车对屏风马平炮兑车开局演变而成。这时红方必须接受弃子，否则立即败北。这个例子是典型的强硬弃子范例，对方没有选择的余地，只好接受。问题的关键是接受弃子后如何抵挡化解对方的攻势，必须提前有所深思。实战着法如下：

1. 马三进四　炮7进8

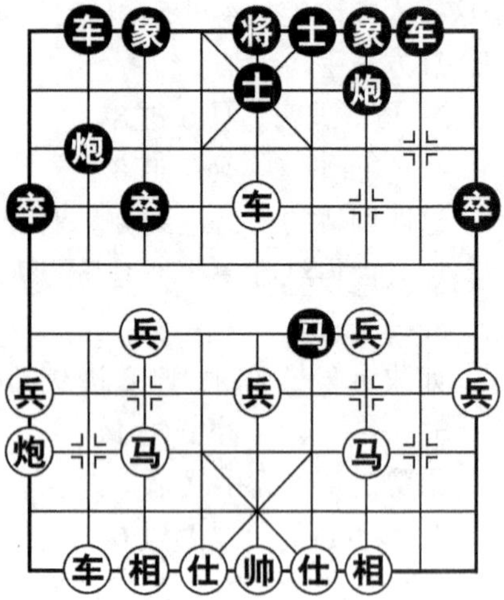

红方毅然吃掉黑马。黑方炮打底相也是如愿以偿。

2. 仕四进五　炮2进6

封住红车正着。如急于炮7平9，则车八进六，车8进9，仕五退四，车8退2，帅五进一，车8平3，马四进六，车2进1，炮九进四，对攻中红方占优。

3. 炮九进四　……

炮击边卒，准备平二路兑车，兼有沉底的攻势，是利于攻守的好棋。

3. ……　　　车8进9

沉底车，正着。如炮7平9，则车五平二兑车，红方稳操多子之优。

4. 相七进五　……

如马四退三，则车8退2，黑方得回一子占优。

4. ……　　炮7平4　　5. 仕五退四　炮4平6

6. 马四退三！

逼兑解围，正着。这是红方从接受对方弃子就已考虑到的一步回马枪绝着。如没有退马强兑这步妙手，红方就输定了。

以下炮6平2，马三退二，炮2平8，帅五进一。红方上帅，将两炮隔开，无法成杀。红方兵种齐全，且五兵齐全，后来双方续战了20几个回合，黑方终于败下阵来。

图 29

第30局　金枪回马拔帅旗

如图30形势，是在一次国家级重大比赛中的范例。两位棋手以金钩炮对飞相局布阵，双方不落俗套，弈至第23回合后形成的局面。红方有一个过河兵稍占优势，而后方也较稳固。黑方此时用马的威力，配合车炮各个击破，最后以回马枪的战术，拔得红方帅旗。着法如下：

1. ……　　　马5进3　　2. 马七进八　……

红不能走车八退一，否则黑炮3平5，对红方不利。

2. ……　　　炮3退2　　3. 马八退六　马3进4

战机稍纵即逝，果断弃车是实施"擒贼擒王"作战方案的重要步骤。

4. 车八退一　炮3进1

5. 车三进三　……

如改走车八退一，炮3平5，车八平六，车9退1，车三平四，士4进5，车六退一，马4进3，车六退三，马3退4，车六进一，卒9进1，车六平七，车9平7，车七进二，卒9进1，黑边卒长驱直入，红难应付。

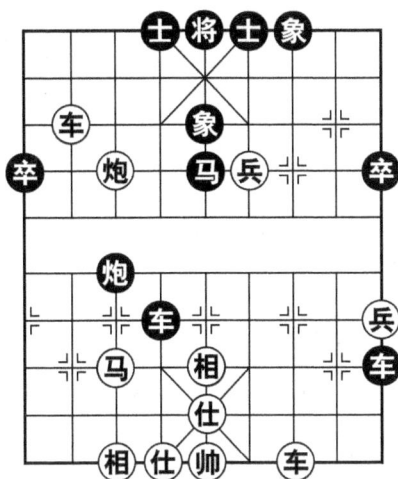

图30

5. ……　　　车9进2

6. 相五退三　马4进3

7. 帅五平四　炮3进5

8. 帅四进一　车9平8

9. 车八退六　马3退5

10. 车三平五　车8退1

11. 帅四进一　车8退1

12. 帅四退一　炮3平7

13. 车八进二　车8进1

14. 帅四进一　……

红如改走帅四退一，马5进7，车八平一，车8退5，车一平四，炮7平9，车四平三，炮9退1，黑可得车胜。

14. ……　　　车8退3

15. 帅四退一　车8平6

16. 仕五进四　马5进4

17. 帅四退一　炮7退2

18. 车八进一　车6进2

黑从左翼佯击取得主动权以后，组织车、马、炮三子从两翼默契配合，直捣对方九宫，现在对方最后一个仕也被吃掉，很快就要"擒王"了。

19. 帅四平五　马4退3

20. 车五平四　车6平5

21. 帅五平四　马3退4

22. 车八平五　车5平4

23. 车四进一　马4进5

24. 帅四平五　车4进2

25. 帅四进一　马5进3

这几个回合，红方在逆境中应对得十分精彩，尽最大努力把输棋可能压到最低限度。

26. 帅五平四　炮7平1

27. 车四平八　车4平7

28. 车八退三　车7退1

29. 帅四进一　车7退1

30. 帅四退一　马3退5

黑方这步回马枪，借杀得车，拔走帅旗，十分精彩！红方认负。

第31局 退马捉炮施巧手

如图 31 形势，是由反宫马布局弈成。红方的八路炮企图从边线沉底寻求攻势，来势凶猛，黑方必须谨慎应对。实战如下：

1. ……　　马 5 退 3

黑方趁机退出窝心马，消除了心腹之患。同时还悄然设计了围剿红炮的计划。

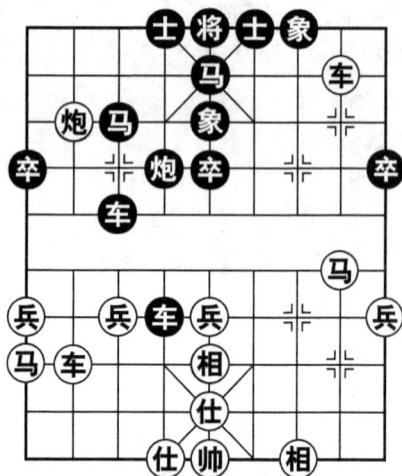

图 31

2. 炮八平九　　前马进 2

3. 炮九进二　　士 6 进 5

4. 兵九进一　　炮 4 平 2

5. 车八平七　　车 3 平 7

6. 兵七进一　　炮 2 平 3

7. 车七平六　　车 4 进 1

8. 仕五进六　　马 2 退 4！　　　9. 车二平四　　马 4 退 3

这次回马捉死炮，与第 1 回合退马战略关系极大。吃掉红炮后黑方占绝对优势。后来争斗了 20 几个回合后，红方终因少子败下阵来。

第32局 卸炮退马谋实惠

如图 32 形势，由中炮对反宫马演变而成。黑方车已压到对方兵线，左马也比较通畅，红方的进攻受到阻力。此时黑方采取卸炮退马和调整阵形的进攻谋略，终于劫得对方一马而获胜。实战着法如下：

1. 炮五平四　　……

卸炮是灵活走法，比较稳健。

1. ……　　车 4 平 3　　　2. 相三进五　　马 7 进 6

3. 马七退六　　……

这步退马以柔克刚，走得十分含蓄，暂时避开了对方反扑的锋芒。

3. ……　　马 6 进 5

踩兵失算。应改走炮 2 进 4 夺中兵，可形成对峙局面。

4. 炮四进四　卒 3 进 1

进 3 卒劣着，应改走卒 5 进 1 尚可应付。

5. 马三进五　车 3 平 5
6. 兵七进一　炮 2 进 4
7. 炮六进二　卒 9 进 1
8. 炮六平七　马 3 退 1
9. 马六进七　车 5 平 3
10. 马七退九！……

这步回马枪为进车捉马开辟了道路。

10. ……　　　炮 2 平 7
11. 车八进八

伸车捉死马，红方多子最后获胜。

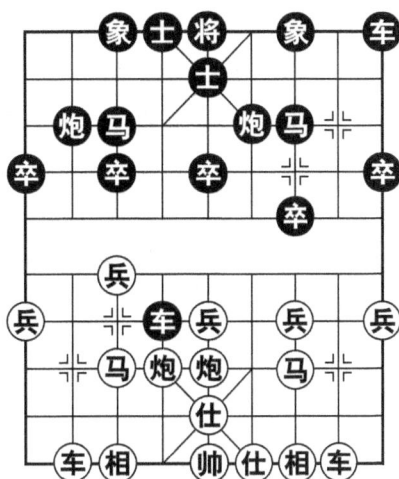

图 32

第 33 局　机警回马得子胜

如图 33 形势，红三路炮威力极大，又加上四路兵已接近九宫，情况十分危险。初步分析，黑马踏掉红三路炮，严峻形势可以得到化解。但是黑经过认真分析，走出了更高妙的棋！实战如下：

1. ……　　　马 5 退 7

退马是步好棋，灵活机警。既可解除自身危险，又可挂角威胁中炮，化解双炮车兵四子对黑方的联合进攻。

2. 车八平四　车 2 平 5
3. 炮五退二　车 5 平 8
4. 车四进三　炮 2 退 1

黑方利用马的威力，退炮逐车，得理不饶人。此时红如车四平七，则马 7 进 6，帅五进一，车 8 进 5 杀。

另外黑方也可改走：炮 2 平 5，则仕六进五，车 8 平 4，马九退八，卒 3 进 1，黑胜。当然，这些都得益于 7 路马的威力。

5. 车四退一　炮 8 进 7

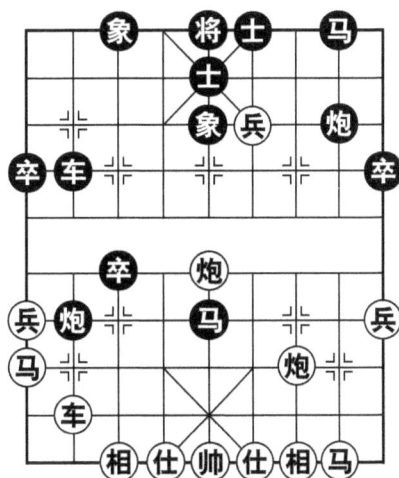

图 33

至此，黑方多子胜。

第34局　别出心裁马窝心

如图34形势，是由五七炮进三兵缓开车对反宫马的流行阵势对杀而成，现双方属于僵持阶段。黑方在复杂形势下，开始准备设置陷阱，准备在马上做文章。实战着法如下：

1. ……　　　　马7退5

退马窝心，暗伏打死车，别出心裁。

2. 帅五平四　……

出帅，佳着。

2. ……　　　　车2进4

如误走炮4进1，则车三进二，炮2退5，车八进八，车2进1，车三平四，红方得子大占优势。

3. 相七进五　……

正着应改走车三平四先守帅门，红方大意失荆州，正上了黑方圈套。

图34

3. ……　　　　炮4进1	**4. 车三进二　车2平6**
5. 帅四平五　炮2退2	**6. 兵三进一　象5进7**
7. 车三平二　炮2平1	**8. 车八进二　象7退5**
9. 前炮平八　炮1平3	**10. 马三进二　车6平7**
11. 炮七进三　车7平3	**12. 炮八进一　马5退3**
13. 炮八平九　前马进2	**14. 炮九进二　士6进5**
15. 兵九进一　炮4平2	**16. 车八平七　车3平7**
17. 兵七进一　炮2平3	**18. 车七平六　车4进2**
19. 仕五进六　马2退4	

因以下有马4退3捉死炮和卒1进1强兑兵后再捉双的棋。黑优最后获胜。

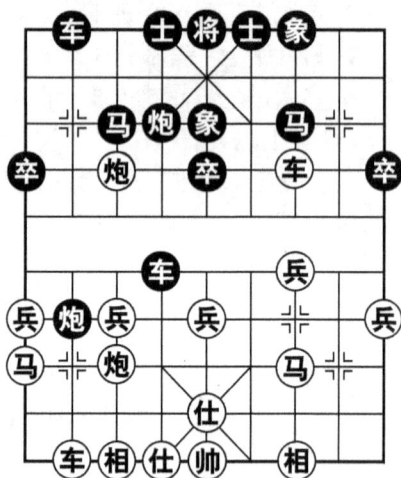

第35局　及时回马解忧愁

　　如图35形势，是由五七炮进三兵对反宫马兑左车流行布局而成。黑方面对空虚的左翼，不敢轻敌，谨慎地回马化解黑方的攻势。实战如下：

　　1. ……　　　　　　马7退6

　　回马打马又吃兵，是减轻左翼和中路压力的好棋。

　　2. 马四进三　马6进5

　　黑方通过回马对捉兵，迎来了开朗的局面，至此，黑方取得了满意的形势。

　　3. 车六进二　炮6进1

　　4. 炮五平二　……

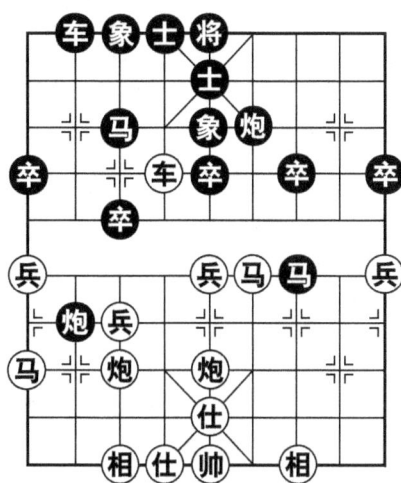

图35

　　不如改走车六退四较好些，黑如马5进7，则马三进一红有攻势。

　　4. ……　　　　　　车2进3

　　黑方抓住机会及时升车卒林，准备迫兑红车，积极。

　　5. 车六退四　卒5进1　　　　**6. 炮七平五　炮2退2**

　　7. 炮二进五　炮6退1　　　　**8. 马三退五　马5进4**

　　黑方巧兑中马，逐步化解了红方的攻势。

　　9. 仕五进六　炮2平5　　　　**10. 车六平五　炮5进3**

　　11. 相七进五　车2平8　　　　**12. 炮二平三　马3进5**

　　黑方子力活跃占优，结果获胜。

第36局　退马踩卒阵脚稳

　　如图36形势，红多一大子，黑多两卒，并且子力全部投入反扑，很快准备吃回失子。红方如应付不当，很容易失去先手。在紧要关头，红方走出了退马解围的妙手。实战如下：

　　1. 马二退三！……

退马踩卒，稳住阵脚，不让对方轻易追回失子，好棋！

1. ……　　　车7退4

这个回合黑方时限较紧，无暇细想，混乱中弈出软手。此手退车忙中出错，造成攻守失衡的局面。应改走马5退3，尚可一战。

2. 前马进五！……

红方弃马踩卒，开始反击，算准可获得强烈攻势，入局手法干脆利落。

2. ……　　　马5进7

3. 炮六平三　车7进7

4. 马五进六　……

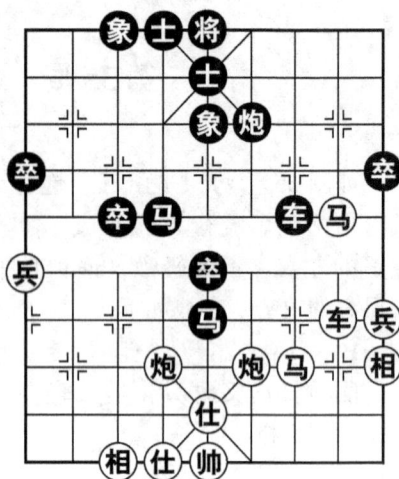

图36

红单骑踹营，直扑卧槽，犹如出海蛟龙，黑竟无法防范。果然是马到成功！

4. ……　　　马4退6

明知要丢子，却无可奈何。如改走炮6退1，则车二进六，士5退6，车二平四，红方速胜。

5. 马六进七　将5平6　　　**6. 车二进三　车7平6**

弃车解杀，无奈。

7. 仕五进四　马6进5　　　**8. 仕六进五　卒9进1**

9. 车二平九

至此红方多子，黑方无力抵抗，停钟认负。

第37局　回马金枪大反攻

如图37形势，黑方抓住红方的弱点，一着回马金枪，展开了反击战。实战如下：

1. ……　　　马3退1

黑方回马金枪，局势迅速逆转！

2. 炮七平六　马1进2　　　**3. 车七进二　……**

红如改走车七平八，则马2进4，车八进四，马4进6，也是黑方反夺主动。

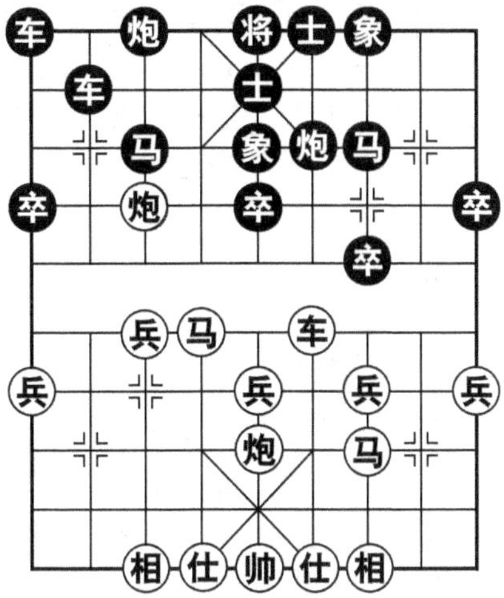

3. ……　　　　马 2 退 3

4. 炮六进二　车 2 进 8

5. 马六退七　……

红方退马捉车，力求稳健的走法。如改走车七进二，炮 3 进 9，车七退八，车 2 平 3，马六进五，车 1 平 4，也是黑占主动。

5. ……　　　　炮 3 进 3

6. 马七退八　车 1 平 4

7. 车四平七　炮 6 进 1

8. 炮六退四　马 3 进 2

9. 车七平八　炮 3 退 1

以上几个回合，黑方步步紧逼，走得十分紧凑有力，已令红方难于应付了。

图 37

10. 炮五平六　车 4 平 3　　　11. 前炮进二　马 2 进 3

黑方虎口献马捉炮，可谓一击中的！实战中弈来煞是精彩好看！红如接走车八平七，则炮 3 进 7，黑方得车胜势。

12. 前炮平四　马 3 进 4　　　13. 帅五进一　炮 3 平 4

14. 马八进九　车 3 进 9　　　15. 相三进五　车 3 平 4

16. 帅五平四　马 7 进 6　　　17. 车八平四　象 5 退 3

黑方退象，伏有炮 4 平 6 的手段，又是一步妙着。

18. 仕四进五　车 4 退 1　　　19. 帅四退一　马 4 退 2

20. 车四平八　马 2 退 4　　　21. 相五进七　马 6 进 5

22. 马三进五　车 4 平 5

红如逃马，则炮 4 平 6，黑方胜定。

第38局　以退为进构思巧

如图 38 形势，黑方退马，构思十分精巧。以下可走炮 1 平 3 再马 2 进 1 攻击红七路炮。实战如下：

1. ……　　　　马 3 退 2

黑回马底线，以退为进。

2. 炮五平七　……

红平炮略嫌强硬，实战效果不佳。不如改走兵七进一，炮 1 平 3，相七进五，下着车七进一兑车，双方大体均势。

2. ……　　　车 2 进 3

3. 马七退五　炮 1 平 3

4. 车七平六　马 7 进 6

5. 车六进二　炮 8 退 1

6. 相三进五　马 6 进 7

7. 车六平三　车 2 平 3

8. 车三退二　车 3 平 4

9. 车三进六　士 5 退 6

10. 车三退三　炮 8 平 2

11. 车三平五　士 4 进 5

12. 马五退三　炮 2 进 5　　　13. 后马进四　……

如误走仕四进五，则马 2 进 1，下手炮 2 退 6 打车得炮胜。

13. ……　　　马 2 进 1　　　14. 兵七进一　……

红进兵化解了黑方将 5 平 4 再炮 2 退 6 得子的凶着。因将 5 平 4，仕四进五，炮 2 退 6，相五进七，红可解围。

14. ……　　　车 4 进 1　　　15. 帅五进一　炮 3 进 2

16. 炮七平一　将 5 平 4　　　17. 相五进七　……

同样飞相解杀，如误走相五进三，则炮 3 进 4，车五平八，车 4 退 1，帅五进一，车 4 退 1，帅五退一，车 4 平 6，黑方得子。

17. ……　　　炮 3 进 5　　　18. 车五平八　炮 3 退 2

19. 马三进四　……

不如改走马四进五可保留一仕，免去黑车左右闪击的后患，较能抗衡。

19. ……　　　车 4 平 6　　　20. 后马进五　马 1 退 3

21. 车八退四　炮 3 进 1　　　22. 车八平六　将 4 平 5

23. 马五进四　炮 2 退 1　　　24. 帅五进一　车 6 平 7

25. 炮一平三　车 7 平 5　　　26. 帅五平四　车 5 平 6

27. 帅四平五　车 6 退 4

以上黑车几个顿挫打得较好，红方失马后无力再战，至此认负。

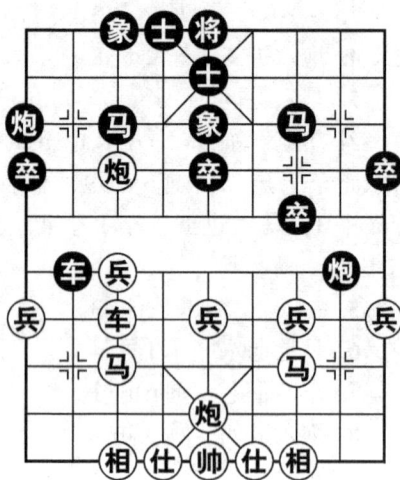

图 38

第39局　迂回退马扩先手

如图 39 形势，红方略优。但如何扩大优势就得认真思考，寻找比较好的进攻路线。红方细心考虑后，在边马上做了文章。实战如下：

1. 马九退七　……

回马是以退为进之举，至此红方逐步扩大了先手。

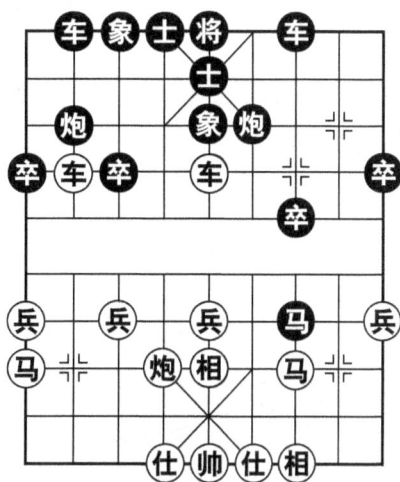

图 39

1. ……	车 2 平 1		
2. 马七进六	炮 2 平 1		
3. 马六进五	炮 1 进 4		
4. 车五平七	炮 1 进 3		
5. 仕六进五	炮 1 退 2		

进炮叫将，再退炮打相，次序井然。

6. 炮六进一　……

进炮兑子，化解黑方反攻，正着。

6. ……	炮 1 平 7	**7.** 炮六平三	炮 6 平 7
8. 炮三平二	车 7 平 8	**9.** 炮二进三	卒 1 进 1
10. 车七退二	卒 1 进 1	**11.** 车七平二	……

平车保炮，暗伏进马叫将抽车，好棋！

11. ……	车 8 进 1	**12.** 马五退七	后炮进 1
13. 兵五进一	卒 1 进 1	**14.** 兵五进一	前炮退 1
15. 兵五平四	卒 1 平 2	**16.** 仕五退六	卒 2 平 3
17. 车八平四	卒 3 进 1	**18.** 兵四平三	后炮退 2
19. 兵三进一	前炮平 1		

平炮对攻，着法明智，但为时已晚。

20. 兵三进一	炮 1 进 3	**21.** 相五退七	炮 7 进 8
22. 仕四进五	象 5 进 3		

飞象顶马，必走之着。

23. 车四平三　车 1 平 2

平车弃炮，企图威胁红方底相，速败之着，但亦别无良策。

24. 车三平九

平车捉炮暗伏抽车，黑方失子，红方胜定，余着从略。

第40局　曲线奔马上前线

如图40形势，红方虽然占优，但前方子力还是不够。如何把马运上去，是红方考虑的重要问题。实战如下：

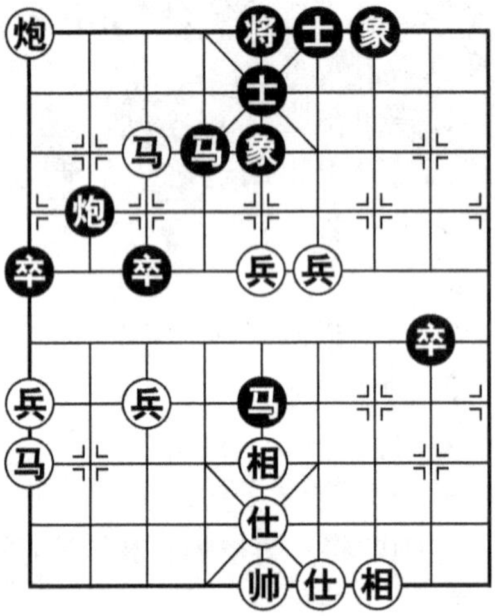

1. 马九退八　炮2退2

2. 马八进六　马5进3

3. 仕五进六　马3进1

4. 马六进四　马1退2

5. 兵五平六　象5进7

6. 马四进五　象7退9

7. 马五进六　卒8进1

8. 马六进八　马4退6

图40

红方8个回合，其中有六步运马，终于把后方的马运到了战火纷飞的前线。

9. 马七进八　士5退4　　　　**10. 前马退六　士4进5**

如改走将5进1，则马六退七，炮2平1，马八退六，将5进1，兵四进一，士6进5，马六进七，将5平4，兵六进一，红方胜。

11. 马六退七　炮2平3　　　　**12. 兵六进一　卒8平7**

13. 相五退七

红方获胜。

第41局　回马险地成妙杀

如图41形势，红方车双马兵虽然已攻入黑方阵营中，但由于黑方车马防守严密，红方一时似乎无计可施。实战中红方妙施回马叫将之着，黑方车象均不敢吃马。红方双马汇合攻杀，攻击实力增强，由此扩大了攻势。红方先行：

1. 马九退七　车3平5

如改走象 5 进 3，则马五进六，将 5 平 4，车八平四，红胜。

2. 马七进六　将 5 平 6

3. 车八平一　马 7 退 8

4. 车一平二　车 5 平 8

5. 马五进三　炮 1 平 4

6. 车二进一　象 5 退 7

7. 马三进二

红方双马成杀局。

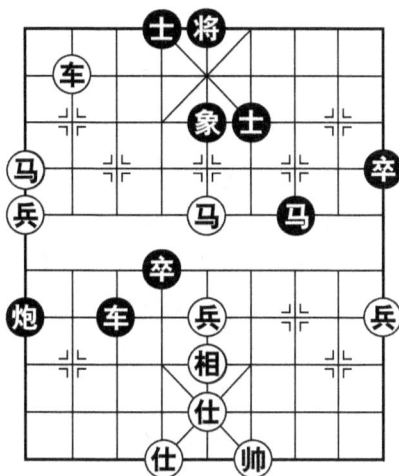

图 41

第 42 局　退马踏车解牵制

如图 42 形势，红方虽然有一炮镇住中路，但是车双马被车炮所牵制，形势似乎很被动，然而红方利用中炮的威力，及八路车的攻击力，巧妙地回窝心马捉车，继而进马兑车，打破了黑方的牵制，扩大了攻势。红方先行：

1. 马七退五　车 4 平 3

红方回马捉车，迫使黑车离开要道，又使红车生根，是一步绝妙的反击手段。

2. 前马进六　车 3 平 6

3. 马五进四　炮 2 平 4

4. 车八进三　炮 4 进 2

红方进车捉炮，使炮失去防守的能力，是攻杀连贯的上佳走法。

5. 马六进七　炮 6 平 3

6. 炮三平六

红方平炮是步攻杀的妙着，以下黑

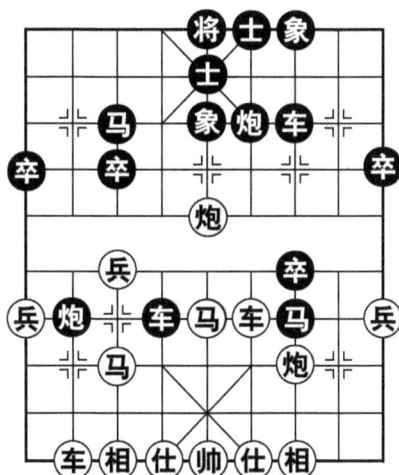

图 42

方如走将 5 平 4，则车八进六，炮 3 退 2，马四进六，士 5 进 4，马六进七，士 4 退 5，马七进八，将 4 进 1，炮五平六，红胜。

第43局　车放炮口设圈套

如图 43 形势，双方正处于猛烈的对攻之中。红方看出黑方要炮 8 平 7 打车打相，将计就计炮打中象，有意设下圈套，让对方来上当。实战如下：

1. 炮五进五　炮 8 平 7

黑方中了圈套。平炮力求对攻，由于子力分散，难成大事。

2. 车三退一　炮 7 进 3

3. 马三退二

红方退马以守为攻，是步紧凑的应着。此刻黑方如走炮 7 退 4，则炮五退三，红方捉炮抽子，大势已定。红方多子，已呈胜局。

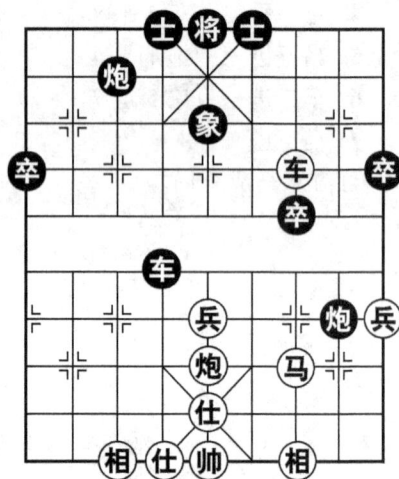

图 43

第44局　回马抢位炮制马

如图 44 形势，红方车炮马已占据好位。黑方为抢夺先手而跃马捉马，单骑冒进十分不利。红方采取了回马避开的妙着，既切断了黑马的归途，又可伺机进行攻击，局势立刻变得灵活生动起来。由此不断地加大控制，终于取得了胜势。红方先行：

1. 马七退五　车 1 进 1

2. 炮九平六　炮 3 平 4

3. 马四进六　车 1 平 3

如不平车唯恐遭到红方马六进八的攻击，所以先平车守住要道，是正常的走法。

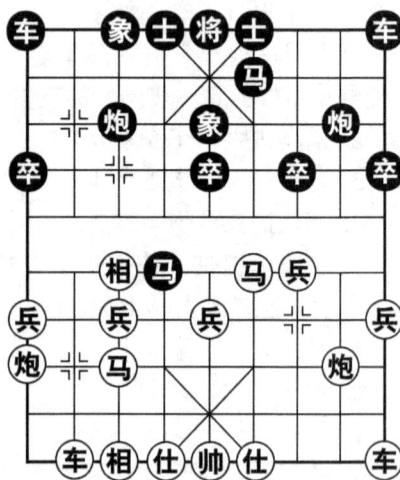

图 44

4. 车一平三　炮8平7	**5.** 炮六进一　车3进3
6. 炮二进三　车3退1	**7.** 车三平二　车9平8

8. 兵五进一　……

红方进中兵，制住黑方马的活动空间，红方以此为重任，取得了较大的控制权。

8. ……　　　士6进5	**9.** 车八进六　车3平2
10. 马六进八　炮4平2	**11.** 马五进四　炮7进3
12. 相七进五　马4退3	**13.** 炮二进一　炮7平6
14. 车二进四　炮6退1	**15.** 炮六进二　车8进2
16. 炮六进一　卒7进1	**17.** 兵五进一　卒7进1
18. 车二平三　炮6平8	**19.** 车三平二　炮8平7
20. 马四进三　象5进7	**21.** 兵五平六　象7退5
22. 相七退九　卒5进1	**23.** 兵七进一　卒5进1
24. 兵七进一　马3退4	**25.** 炮六平九　象5进3
26. 车二平五　炮2平5	

力争做最后的一拼，但由于力量单薄，无法作出有力的抵抗，终难成事。

27. 仕六进五　马6进5	**28.** 炮九平五　车8进1
29. 马八进七　车8平6	**30.** 兵六进一　将5平6
31. 炮五进二	

红炮打士，已冲破九宫，黑方无力对抗而败北。

第45局　回马等待避压力

如图45形势，双方形成各有牵制的局势。红方一时尚无出击的方法，于是巧妙地退窝心马避开黑炮的压力，蓄势以待。黑方反而无好法可应，红方由此扩大了先手。红方先行：

1. 马三退五　……

红方退马是步灵活之着，对于攻守都有一定的好处。

1. ……　　　炮7平6	**2.** 后车平四　卒3进1
3. 车四平七　炮3进1	**4.** 马七进八　炮6退1

5. 炮五平七　……

红方平炮兑炮，加大了攻击力量，打击了黑方的防守阵形，从此扩大了先手。

5. ……　　　　　炮 3 进 3

6. 马五进七　马 7 进 6

7. 炮八进一　……

红方进炮保兵，使黑马无法反击。

7. ……　　　　　车 8 进 8

8. 仕六进五　车 8 平 6

9. 相七进五　炮 6 平 7

10. 炮八退二　车 6 退 2

11. 炮八平七　车 1 进 2

12. 车七进二　马 6 进 7

13. 车六退四　……

红方退车可以掩护八路马展开攻势。

13. ……　　　　　车 6 退 2

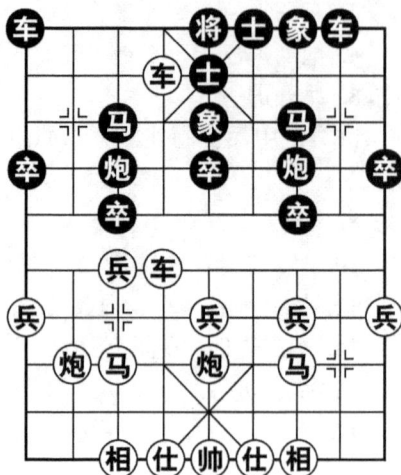

图 45

14. 马八进六　马 3 退 1　　　　15. 车七平五　卒 9 进 1

16. 兵五进一　车 6 进 2　　　　17. 车五平三　炮 7 平 6

18. 车三平八　士 5 退 4　　　　19. 兵五进一　士 6 进 5

20. 兵五进一　马 7 退 6　　　　21. 车六平五　车 6 平 4

22. 车五进一　……

红方进车，攻守兼顾，是步佳着。

22. ……　　　　　马 6 进 7　　　　23. 车八进二　炮 6 退 1

24. 车八进一　炮 6 进 1　　　　25. 马六进五　车 4 退 4

红方马踏中象，打开了防守的大门，黑方局势面临险境。此时黑方如改走象 7 进 5 吃马，则兵五进一吃象，黑方形成败势。

26. 车五平三　象 7 进 5　　　　27. 车三退二　马 1 进 3

28. 车八退八　炮 6 退 2　　　　29. 兵五进一　……

红方用兵换象，冲毁黑方防线，并牵制黑方的子力，形势上占了优势。

29. ……　　　　　车 4 平 5　　　　30. 马七进六　车 1 退 2

31. 马六进四　车 5 平 6　　　　32. 马四进六　车 6 平 4

33. 车三进三　马 3 进 4　　　　34. 炮七进三　士 5 进 6

35. 炮七平二

黑方认负。

第46局　巧退中马兵争先

如图46形势，红方马兵虽然已经过河，但遭到车的阻挡，形势似乎不利。实战中红方出人意料地走出了退马中路的好着，使处于困境的七路马有了攻击力，由此逐渐扩大了优势。红方先行：

1. 马七退五　马3退2

红方退中路马打开了困局，着法积极有力。此时黑方如改走炮1平3，则炮六平七，马3退1，炮七进六，炮7平3，马五退四，红方优势。

2. 兵七进一　车2进2

3. 马五退六　车2平3

如改走车2进1，则马六进七，车2平3，马七进五，车3退3，车九平八，马2进3，兵五进一，马3进5，兵五进一，马5退4，兵五平六，象7进5，兵六进一，车3退1，车八进八，马4进2，车四进二，红方得还一子，形势占优。

4. 车九平八　车3进1　　　　**5. 车八进九　车3平4**

6. 仕四进五　……

红方换马之后，形成多兵优势。

6. ……　　　　象7进5　　　　**7. 车八退三　炮1进5**

8. 兵七平六　车8平6　　　　**9. 车四进三　士5退6**

10. 兵六平五　……

中兵开始发挥作用，中路即将被打开。

10. ……　　　　马7进6　　　　**11. 兵五进一　象3进5**

12. 车八平四　……

红方平车捉马，有利于加强防守。

12. ……　　　　马6进4　　　　**13. 炮六进二　车4退1**

换子后，黑方因兵种不全又缺象，最后战败。

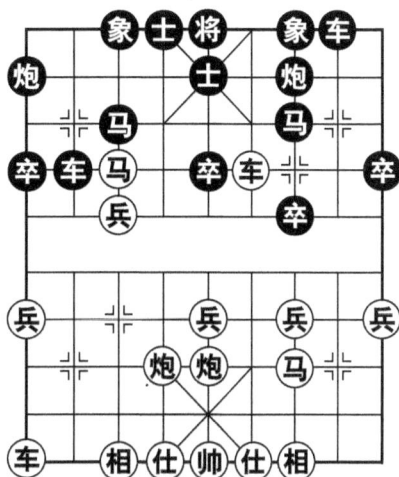

第47局　灵活运马退为进

如图 47 形势，红方虽然少兵，但三路炮牵制 7 路马，而且双马活跃，仍有一定的先手。此时红方针对黑方河口车活动受制的不利地位，迅速退马进行威胁，然后从八路线上出击，集中子力展开攻势，从而获得了优势地位。红方先行：

1. 马四退六　……

红方退马着法灵活，以退为进寻求攻势。

1. ……　马 3 进 4

2. 马六进八　车 2 平 4

3. 马八进七　车 4 平 2

4. 前马退八　车 2 平 1

如改走车 2 平 4，则马八进九，红占优。

5. 兵九进一　车 1 进 1　　　**6. 兵七进一　……**

红兵乘机过河，先手逐渐扩大。

6. ……　卒 5 进 1　　　**7. 马八进六　……**

红方进马压住黑马的出路，并闪开炮路展开攻击，是步积极的进取着法。如改走兵七平六，马 4 进 6，以后黑方运马踏中兵，黑方并不难走。

7. ……　炮 4 平 2　　　**8. 炮八平六　卒 5 平 4**

9. 兵七进一　卒 4 进 1　　　**10. 车八进七　马 4 进 6**

11. 马六进四　车 1 平 3

如改走马 7 退 9，则车八进二，黑方难以应付。

12. 炮三进五　炮 5 平 6

如改走车 3 进 2，则马四进三，将 5 平 4，炮三进二，将 4 进 1，车八进一，将 4 进 1，车八退三，红胜。

13. 马七进八　象 7 进 5　　　**14. 车八进二　士 5 退 4**

15. 相七进九　车 3 退 1　　　**16. 兵五进一　士 6 进 5**

17. 炮三退一　卒 1 进 1　　　**18. 马八进六**

黑方全局受困难行，而红方多子，并占优势，胜局已定。

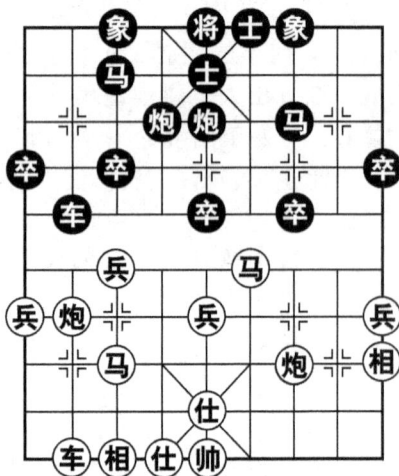

图 47

第48局　退马解围强反击

如图48形势，红方中马生存面临危机，如何营救？经过审局之后，红方左马退回中心，然后再进右路捉车争先，黑方不得已而放弃捉中马的计划。由此扩大了优势。红方先行：

1. 马七退五　……

红方回马，立意精巧，挽救了失子的命运。

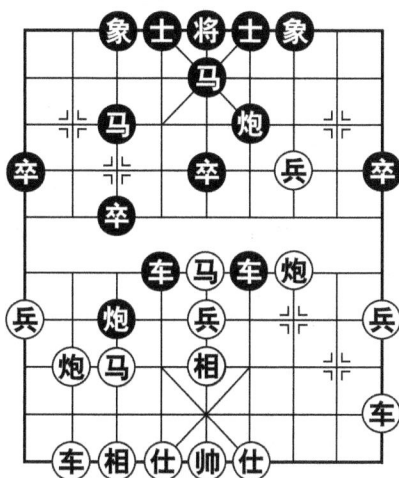

图48

1. ……　　　　车4进1
2. 前马退七　　车4平3
3. 马五进三　　车6进1
4. 炮八进五　　炮6平5

红方进炮兑炮走法有力，从此反夺先手。此时黑方如改走炮6平2，则车八进七，车6平7，车一平六，车7进1，车六进七，象7进9，炮三平五，红方胜势。

5. 车一平六　炮5进4

进炮打兵是失误之着，导致局势更落下风。应改走车6平7为好。

6. 马三进五　车6平5　　　　**7. 车六进六　……**

红方进车着法有力，为获胜创造了条件。

7. ……　　　　象7进5　　　　8. 车六进一　象5进7
9. 炮八退一　车3平2　　　　10. 炮八平七　马3退2

如改走象3进1，则车八进三，车5平2，兵三进一，卒9进1，炮三平二，车2平8，炮二进三，红方胜势。

11. 车八进三　车5平2		12. 炮三平二　马2进1
13. 炮七进一　象7退5		14. 炮二进五　马5退7
15. 兵三进一　车2平8		16. 炮二平四　马1进3
17. 炮四平六　马7进5		18. 兵三进一　车8平6
19. 仕六进五　卒5进1		20. 车六退一　马5进3
21. 车六平七　车6退3		22. 炮六退七　卒5进1
23. 炮六平八　马3退1		24. 车七平六　车6平2

25. 帅五平六

红车兵成杀。

第49局　退马入宫让车道

如图49形势，红方针对黑方还没有出动双车的弊端，对自己的子力及时移动，使黑方的稳固防守发生了动摇。红方又对中路进行袭击，优势不断扩大。红方先行：

1. 马七退五　象3进5

红方退马是以退为进的走法，针对黑方3路线上的弱点，打开七路要道，威胁3路马，着法灵活巧妙。此时黑方上象，有欠灵活性。容易使红方的攻击得势。

2. 兵七进一　卒3进1

3. 车九平七　车1平3

4. 车七进三　马3退1

5. 车七进五　马1退3

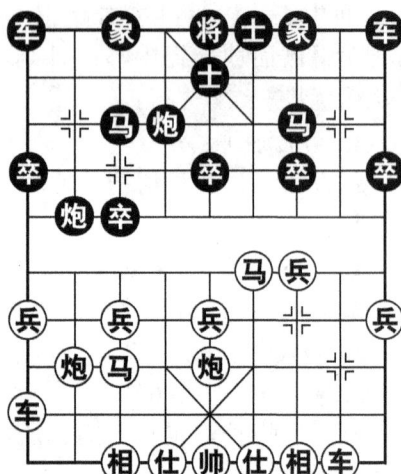

图49

6. 马四进五　炮2平5

红方马踏中卒，打开中路攻势，可以取得较好的局势。此时黑方可改走车9平8，兑车减弱红方的攻击力。

7. 马五进三　炮5进3　**8. 相七进五　炮4平7**

9. 车二进六　马3进4　**10. 车二平三　炮7平6**

11. 马五进三　车9平8　**12. 马三进四　马4进5**

红方如贪攻改走车三平六压马，则车8进6，炮八进一，炮6进4，黑方有谋取和势的机会。黑方此时进马逐车，力争牵制红方，如改走马4进3，则马四进六，车8进4，炮八进三，车8进2，车三平七，红方胜势。

13. 车三平九　……

红方应改走车三平六占据要道，优势更大。

13. ……　　　　马5进6　**14. 仕六进五　车8进4**

15. 帅五平六　象5退3　**16. 车九平七　炮6平4**

弃去一象力求争取好的形势，如改走象3进1，则炮八进七，士5进4，车七平六，车8平2，炮八平九，红方优势。

17. 车七进三	炮4退2	18. 仕五进四	车8平2
19. 炮八平七	车2进2	20. 炮七进一	车2进3
21. 炮七退三	车2退3	22. 帅六平五	车2平5
23. 车七退五	……		

红方退车是软弱之着，不如改走仕四进五，则车5退1，车七退五，炮4进5，马四进三，车5平7，马三退五，车7平5，马五进七，黑方少卒缺象，子力受制，难以谋求和局。

23. ……	车5平1	24. 仕四进五	车1退2
25. 马四进五	象7进5	26. 车七平四	马6进8
27. 马五进三	马8进9	28. 帅五平四	马9退7
29. 仕五进六	车1进2		

进车比较软弱，不如改走炮4进6，则仕四退五，炮4平8，黑方仍可抗争。

30. 马三退四	车1平5	31. 马四进二	炮4进1
32. 车四进二	车5平9	33. 仕六退五	车9平6
34. 车四平八	……		

如大意而走车四平六，则士5进4，马二进三，车6退5，红方失子，形势不利。

34. ……	车6平3	35. 炮七平六	士5退4

退士是一步较大的失误，应改走炮4平3，还可支撑下去。

36. 车八进二	车3退3	37. 马二进三	将5进1
38. 仕五进六	炮4平3	39. 炮六平九	炮3平4

如改走将5平6，则炮九进八，炮3平5，车八退二，炮5平7，车八平七，炮7平1，车七进二，士6进5，车七平九，黑方仍是败势。

40. 炮九进八　车3平4

41. 仕六退五　马7退6

42. 炮九平六

黑方丢子，红胜。

第50局　运马吃卒兵争先

如图50形势，红方的优势不太明显，如何才能扩先争势呢？红方通过对局势的深入分析，看到黑方的双马较为呆板，于是利用这个弱点，红方退马压象肋，准备中炮右移展开攻势，黑方运车捉马，红马踏卒争先，以后红车掩护三路兵过河助战，由此扩大了优势。红方先行：

1. 马二退四！ 车4平6

红方退马压象肋，既可回马捉卒，又可炮五平二潜下攻击，是一步灵活之着。

2. 马四退五　马3进4

3. 车二平三　车6平8

黑方如不及时运车，下步红有兵三进一后，象5进3，再炮五平二攻击黑方左翼的棋。

4. 兵三进一　车8进5

5. 炮五平四　车8退4

6. 兵三平四　卒9进1

7. 车三平一　车8平9

8. 车一进一　卒9进1

9. 兵五进一　炮9退2

10. 兵五进一

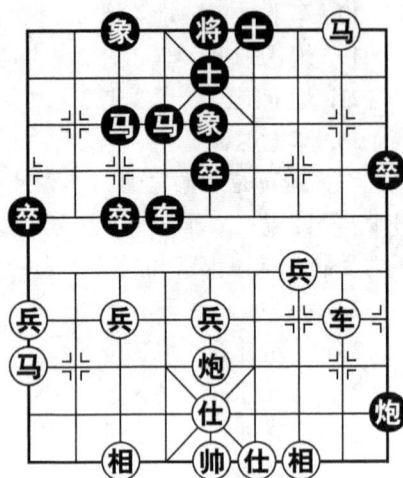

图 50

红方双兵过河，可以顶个大子，已明显占优。后来虽进行了20几个回合的扭杀，但黑方终因力量悬殊败下阵来。

第51局　退马踏象夺子胜

如图51形势，双方子力对等，形成对峙的形势。但黑方两路受到牵制，形势不太有利。红方车马炮活跃，实战中抢先运马破坏黑方的中路防守，然后兑马多得双象。黑方防守薄弱，最终不敌红方车马炮的猛攻而失利。红方先行：

1. 马九退八　车7进1

2. 马六进五　马7进6

弃马踏象破坏中路防守，计算深远，首着退马的功力现在可见。此时黑方如改走象3进5，则马八进七，象5退3，炮八进七，红方有攻势。

3. 马五退七　……

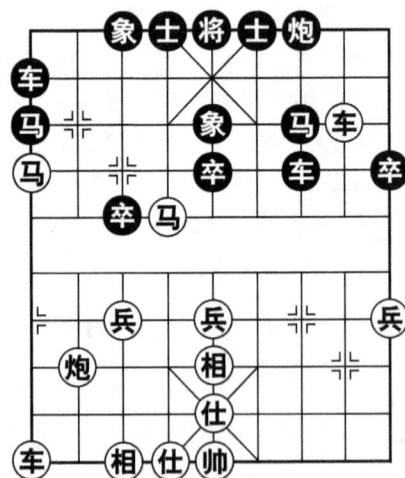

图 51

大胆吃象后，给黑方带来很大的麻烦，现在又回马到较好位置迫使黑方换去防守较强的马。

3. ……　　　　车 1 平 7　　　　4. 马七进九　　象 3 进 1

5. 车九进七　前车退 2

红方兑子后多得双象，形势大占优势。

6. 马八进九　前车平 8　　　　7. 车九平二　车 7 平 3

8. 车二退二　马 6 进 5　　　　9. 马九退七　车 3 进 2

10. 车二平三　炮 7 平 8　　　　11. 兵七进一　士 4 进 5

12. 炮八进五　车 3 退 1　　　　13. 炮八退一　卒 9 进 1

14. 炮八退一　炮 8 进 9　　　　15. 马七进五　车 3 平 8

16. 炮八平一　车 8 进 4　　　　17. 炮一进四　车 8 退 6

18. 炮一退五

红胜。

第52局　巧回战马攻守宜

如图 52 形势，红方的车炮在中路伏下了一定的攻击力，并有一兵协助中路作战，形成很有潜力的局势。但由于黑方的马炮对红方的七路马具有相当的威胁，红方必须要化解这个威胁，才能放手发动攻势。红方认真地分析局势之后，决定回马中路，先避开锋芒，以静观局势的进展，以后再运车炮攻击。红方先行：

1. 马七退五　……

红方回马是以退为进的妙着，不但避开了黑方的攻击，还伏下了炮九平七的反击手段，从此可以平稳地展开攻势。

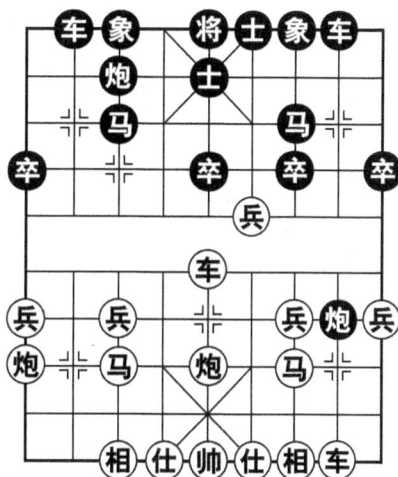
图 52

1. ……　　　　马 3 进 4　　　　2. 车五平六　车 2 进 4

3. 兵三进一　炮 8 平 1

炮打边兵，主要是防止红方马三进五的攻势，如改走炮 8 平 5，则马三进五、车 8 进 9，马五进六，车 8 退 5，兵三进一，卒 7 进 1，马六进四，车 8 退

3，车六平七，炮3进3，兵四平三，红方大占优势。

4. 车二进九　马7退8　　　　**5. 车六平七　炮3进3**

红方平车捉炮，迫使黑方在防守中暴露弱点，以便进行有力地反击，此时黑方应改走炮3进1较为适宜，这样可以避免子力过于拥挤，还可以抵抗下去。

6. 马五进七　象3进5

上象中路，是避免失子的应付手段。

7. 马七进九　车2进2　　　　**8. 炮五进一　……**

红方进中炮，企图在交换马炮中争得更好的位置，是扩大优势的关键之着。

8. ……　　　　马4进5　　　　**9. 马三进五　车2平1**

10. 炮九平五　马8进7　　　　**11. 兵四进一　炮3平5**

12. 兵四平三　马7退8　　　　**13. 车七进二　卒9进1**

14. 炮五进三　卒5进1　　　　**15. 马五进六　马8进9**

16. 马六进八　士5进4　　　　**17. 后兵进一**

红方形成强大攻势，胜势已呈。

第53局　回马拦截开杀路

如图53形势，红方的右车被车炮所牵制。而右马又受围困，形势不太乐观。是否有好的妙着可以化解这种不利的处境，使局势向有利的方向转化呢？经过细心的分析，红方看到了退中马可以转化局势，于是果断退马交换。既是交换，又切断了黑马的进击道路，还多过河一兵，由此夺得有利的形势，使主动权掌握在自己的手里。红方先行：

1. 马三退五　……

红方退马中路，改观了形势，巧妙之着。如改走兵五进一，则炮4平7，炮九平三，卒5进1，黑方反而好走。

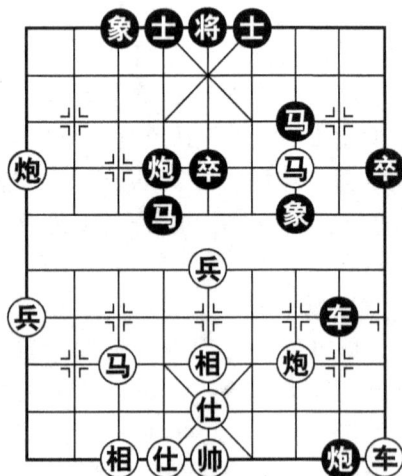

图53

1. ……　　　　卒5进1　　　　**2. 兵五进一　象7退5**

3. 兵五平六　炮4退2　　　　**4. 车一进四　炮4平5**

应改走车 8 进 1，则炮三进一，车 8 平 7，炮三平五，炮 4 平 5，仕五进四，车 7 进 2，帅五进一，车 7 退 6，黑方还有一定的攻势。

5. 车一平三　马 7 进 8　　　　**6. 炮九平三　炮 5 平 6**

7. 前炮进三　将 5 进 1

应改走士 6 进 5，还可以应付一阵。

8. 相五进七　炮 6 进 8　　　　**9. 帅五平四　象 5 退 7**

10. 炮三平五

红方有空头炮的猛烈攻势，黑方难以应付，最后在残局中败北。

第54局　迂回奔马擒敌将

如图 54 形势，红方车双马炮潜伏下强烈的攻击能力，如果运子处理适当，定会打破黑方的防守。实战中红方对形势进行了精确的分析，决定先把马调整到最佳的位置。红方先行：

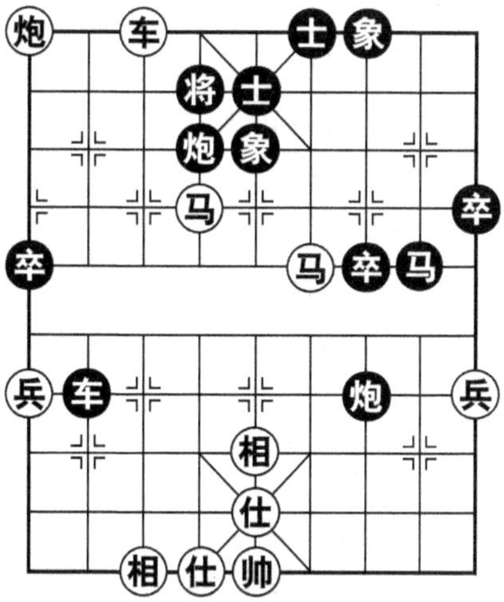

1. 马六退七　……

回马枪，把马放在最佳位置，以利选择最好的进攻路线。

图 54

1. ……　　　　车 2 退 1

红方双马已进入黑方阵地，此时左右袭击，黑车已难以阻挡，下一步红马即可进九路边线攻击，黑车若走车 2 退 2，则马四退六，黑方仍然不好控制。

2. 马四退五　……

红方通过迂回运动，把两匹马调到了较好的位置，很快就要擒获敌将了。

2. ……　　　　炮 4 进 3　　　　**3. 车七退一　将 4 退 1**

4. 马五进六　车 2 退 1　　　　**5. 马七进八　车 2 平 3**

6. 车七平八　炮 4 进 1　　　　**7. 车八进一　将 4 进 1**

8. 炮九退一　炮 7 平 1　　　　**9. 炮九退五**

黑方只能送炮保将。黑方失子失势，已呈败局。

第55局　巧退中马保阵地

如图55形势，红方虽然多一子，但失去了双相，情况万分危急。此时红方必须尽快采取措施，挡住对方的进攻锐气。红方先行：

1. 马三退五　……

红方先退中马，是一步可守可攻的佳着。

1. ……　　　卒6进1
2. 车一平四　炮7平5
3. 马五进七　炮5进5
4. 马七进六　将5进1
5. 马六退四　将5退1
6. 帅五平六　车5平4
7. 马八进六　……

黑方终于顶住红方的进攻，局势开始有转机了。

7. ……　　　士4进5

如改走车4平3，则炮二退四，黑方无法再度进攻。

8. 车四平六　车4平5
9. 兵三进一　象3进5
10. 马六进八　车5退4
11. 兵三平四　炮5平3
12. 马八进六　炮3平2
13. 马六进五

黑方无法解救，只好认负。

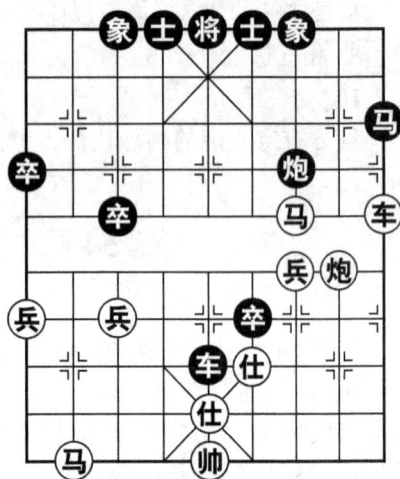

图55

第56局　回马夺卒抢攻势

如图56形势，红方过河一兵，各子占位颇佳，伏下较强的攻击力。红方抓住机会针对黑方窝心马的致命弱点，回马夺卒抢攻势。红方炮兵双马组成立体攻击，来势凶猛，黑方终于难以抵挡而失利。红方先行：

1. 马六退四……

此时退马回来抢中卒，从中路发动猛烈攻势，使黑处于被动地位。

1. …… 马 5 退 3
2. 兵七进一 卒 5 进 1
3. 兵五进一 车 4 平 2
4. 炮八平七 车 2 平 3
5. 兵七进一 马 3 进 1
6. 兵五进一 士 4 进 5
7. 兵七平六 炮 7 平 8
8. 炮七平五 马 1 进 3

进马失策，改走车 8 退 1，还能应付一阵，但仍然受困难行。

9. 炮五进三

黑方不能落象吃炮，否则丢车，红胜。

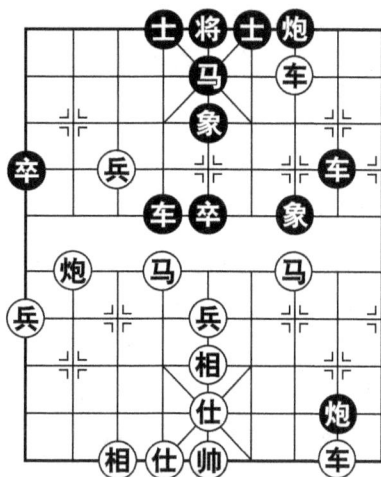

图 56

第 57 局　回马阻炮作反击

如图 57 形势，红方多一子，但子力位置不太好，并且黑方将要进行平车要杀，红方的形势潜下一定的危险。在对形势仔细地分析之后，红方走出了妙回中马的好着，化解了不利局势。红方先行：

1. 马五退三 炮 2 平 3

如改走象 5 进 7，则车四进三，车 3 退 8，车八进五，炮 7 进 1，炮五进六，象 7 退 5，炮六平五，红方有攻势占优。

2. 车八进六 炮 3 退 1
3. 马五进七 车 3 平 2
4. 车八平九 卒 4 平 5
6. 马三进四 炮 7 平 6

图 57

5. 兵五进一 士 5 退 4

如改走将 5 进 1，则兵五进一，象 7 进 5，车四平三，炮 3 进 1，车九退一，炮 7 平 6，车三平五，车 2 退 6，车五退一，红方胜势。

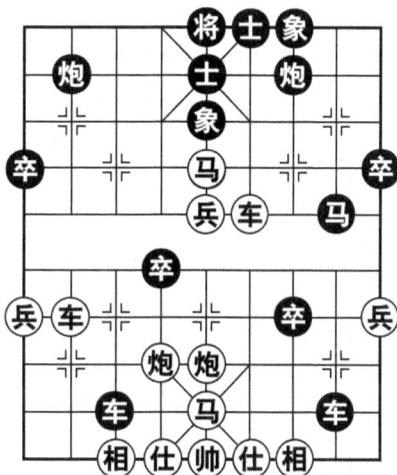

7. 兵五进一　　车2平4　　　**8.** 车四平六

以下可走车六进四连杀，红胜。

第58局　退马窝心攻侧翼

如图58形势，红方中炮镇住中路，双车封住将门，占有一定的先手。如何扩大攻击力，是红方目前的紧要问题。仔细的分析形势之后，红方决意退马弃兵，增强对黑方右路的攻势，这个战法果然见效，红方的左马发挥了巨大的攻击力，终于取得了胜利。红方先行：

1. 马三退五　　……

红方回马跃出助攻，是取势的有力着法。

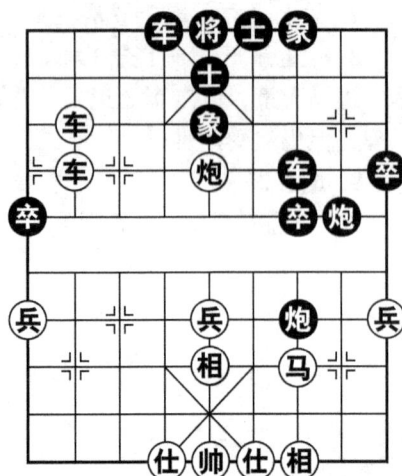

图58

1. ……　　　　炮7平1

2. 马五进七　　炮1平2

3. 炮五退二　　车7平2

4. 车八退一　　炮8进2

如改走炮8进3，则马七退五，黑方无便宜可占。

5. 仕六进五　　卒1进1　　　**6.** 炮五进二　　炮8进1

7. 仕五进四　　炮2平3　　　**8.** 车八平七　　炮3平9

9. 车七平九　　卒7进1　　　**10.** 车九退二　　卒7进1

11. 兵五进一　　卒7平6　　　**12.** 兵五进一　　……

红方弃仕进兵是明智的走法，算准黑方双炮卒暂时还没有杀机。

12. ……　　　　卒6进1　　　**13.** 马七进五　　车4平2

14. 马五进三　　卒6进1　　　**15.** 相五退七　　车2平3

16. 相七进九　　车3平2　　　**17.** 相九退七　　炮8平2

弃炮力争一搏，如改走炮8进2，则马三退一，卒6进1，帅五进一，黑方难成杀势。

18. 马三退一　　炮2进2　　　**19.** 相七进五　　炮2退3

如改走炮2平6，则车九平七，车2进9，相五退七，将5平4，车七平六，将4平5，帅五平六，车2平3，帅六进一，炮6平4，车六平八，车3退

9，帅六退一，红胜。

20. 车九平七	车 2 平 1	**21.** 马一进三	将 5 平 4
22. 车七平六	将 4 平 5	**23.** 帅五平六	炮 2 退 3
24. 马三退二	卒 6 平 7	**25.** 马二进四	

以下黑方如接走卒 7 平 6，则马四进三，红方胜定。

第59局　回马胁卒扩先手

如图 59 形势，红方车双马占据河口，准备打击黑方的左路，但黑方防守严密，红方无法下手。于是红方改变主意，运马对黑方中路施加攻击，由于战术运用适宜，终于逐渐扩大了优势。红方先行：

1. 马六退四　……

红方退马，准备平车六路运马捉卒争先，着法含蓄有力。

1. ……　　　炮 4 进 2

2. 车四进三　炮 4 退 4

3. 车四退一　炮 4 进 4

4. 兵九进一　……

红方强行进边兵，准备兑子争先。

图 59

以下黑方如走卒 1 进 1，则炮九进五，象 3 进 1，车四进一，红方得象占优势。

4. ……　　　士 4 进 5		**5.** 炮九进三　车 2 进 1	
6. 马四进五　车 2 平 1		**7.** 马五退六　车 1 退 1	
8. 兵五进一　车 1 平 4		**9.** 马六进四　卒 3 进 1	

10. 马四进三　……

红方进马，伏下跃边线进攻的好着。黑方如果以炮换马，红方有平车压马之着，则局势将要落入下风。

10. ……　　　炮 7 进 3		**11.** 车四平三　马 7 退 9	
12. 车三进二　马 9 进 8		**13.** 车三平四　车 4 退 1	

红方平车压肋道，控制形势，着法灵活有力。黑方更感到不好应付。此时黑方如改走马 8 退 6，则马二进四，红方先手更会加大。

14. 兵七进一　卒 9 进 1		**15.** 兵七平六　车 4 平 2	

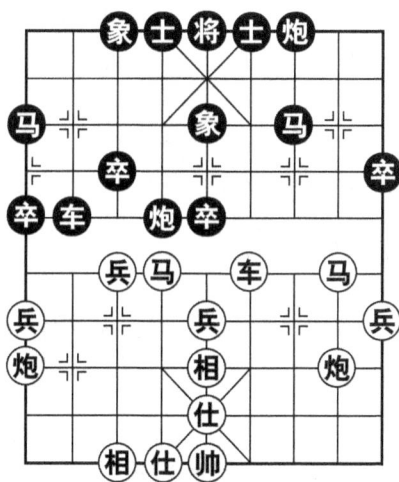

16. 马二进四　车2平7　　　17. 兵五进一　……

红方兵临城下，胜局已定。

17. ……　　　马1进2　　　18. 车四平二　马8退7

19. 车二退四　车7进1　　　20. 车二平八　马2退3

21. 车八平三　……

红方至此形成多兵占优的局面，为了化解黑方的反击能力，乘机兑车扩先，是步佳着。

21. ……　　　马7进9　　　22. 车三进一　象5进7

23. 兵六进一　马3进2　　　24. 兵五进一　士5退4

25. 炮二平一　马9进8　　　26. 炮一进三　马8进9

27. 马四进三　象7退9　　　28. 炮一平五　士4进5

29. 兵六进一　马2进4　　　30. 兵六进一　象9退7

31. 兵五平四　象7进5　　　32. 兵四进一　马4退3

33. 兵四平五

至此红方胜定。

第60局　回马捉车进边炮

如图60形势，红方子力位置俱佳，且比较灵活，占有先手。此时红方巧妙回马踏车，黑车只能进车蹩马，红方乘机运边炮打卒，在左路伏下了攻势，黑方始终难以除掉这个隐患，红方由此扩大了优势。红方先行：

1. 马六退八　……

红方退马踏车，迫使黑车离开要道，从而运炮打卒，展开攻势。

1. ……　　　车3进2

2. 炮九进三　前炮平9

平炮兑子企图减轻压力，是一种变化。如改走前炮进2，则炮九进四，车3退6，车二平六，黑方子力不畅，形势落后。

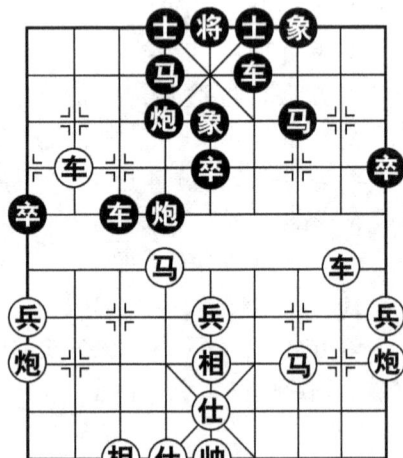

图60

3. 炮一进三　卒9进1　　　4. 车二平六　士6进5

红方平车捉炮是抢先之着，黑方上士防守是无可奈何之着。如改走炮4平2，则炮九进三，黑方不好应付。

5. 车八进二　车6进5　　　　**6.** 炮九进四　车3退6

7. 炮九退一

红方吃死黑马，多子胜定。

第61局　迂回挺进显神威

如图61形势，红方虽然多一中兵，但子力被压制，在兵种上双车马不如双车炮灵活快捷，形势上不占什么优势。但红方右马比较活跃，红方利用这个优势，巧妙地进退捉炮踏车，然后开通左车来控制局势，由此扩大了先手。红方先行：

1. 马三退四　炮8退1

2. 马四进五　车3平4

3. 车八退一　车8进1

4. 车八平四　将6平5

5. 车四进五　……

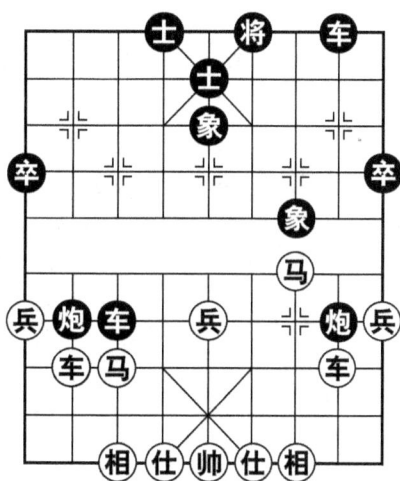

图61

红方进车抢占要道，从此有了攻击的机会。

5. ……　　炮2平3　　　　**6.** 相七进九　炮3退5

7. 仕六进五　车4退2　　　　**8.** 车四平一　车4平5

9. 马七进八　炮8平7

红方调动左马出击，增加攻击能力，此时黑方如改走炮8平2，车一进三，黑方失车，形势不利。

10. 车一进三　象5退7　　　　**11.** 马八进七　车5退1

12. 马五进三　车5平7

红方巧运双马，非常威风。此时黑方如改走车5平3，则马三进四，车8平6，车一平三，士5退6，车三平四，将5进1，车四退一，炮3平6，马四退五，夺回一子之后，红方胜定。

13. 车二进六　炮3平8　　　　**14.** 马三退五　炮8平6

如改走车7平3，则车一平三，士5退6，车三退五，红方胜势。

15. 马七退五　　车7退1　　　16. 车一退三　　炮6平7

17. 前马退三　　车7进3　　　18. 相三进五　　车7进2

19. 相九退七　　卒1进1　　　20. 车一退一　　炮7平8

21. 车一平二　　炮8平9　　　22. 兵一进一

红方多兵，形势占优，胜局已定。

第62局　退马献车伏杀机

如图62形势，红方虽少一子，但双车马炮有很强的攻击力，红方针对黑方单象的弱点，迅速进车袭击，黑方只好退马防守。此时红方马炮的攻杀点极佳，于是红方巧妙用车吃卒捉车炮，黑方不能吃车，否则马炮双要杀。黑方无法解救只能逃车，红方得炮后形势大优。红方先行：

1. 马三退五　　车4进3

2. 前车进一　　马3退4

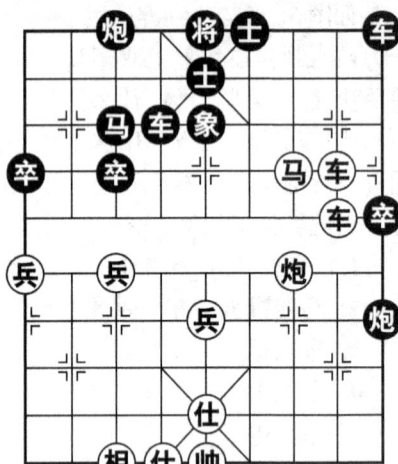

图62

如改走车9进2，则前车平五，将5平4，车五平一，炮9退4，车二进二，车4退1，车二平一，马3进5，兵五进一，红大占优势。

3. 后车平一　　车9平7

红方这步车吃边卒，着法精妙绝伦，出乎对手的意料。黑方如吃车，则车二平五，伏下马炮双杀，黑方无法解救。

4. 车一退二

红方追回一子，形势大优，以后终成胜局。

第63局　回马救驾保江山

如图63形势，是1962年全国象棋个人赛上，杨官璘与胡荣华两位棋手由中炮盘头马对屏风马走成的一盘精彩杀局。实战经过如下：

1. 马五退六　　……

双方在杀得难解难分时，红方这步回马金枪挽救了御驾，保住了江山。这一步退马抵挡了黑方四大子力的进攻，为红方的攻杀赢得了宝贵的时间。

1. ……　　　　车 1 平 2

2. 兵五进一　卒 7 平 8

黑方如误走象 3 进 5，炮二进六，象5 退 7，车四进三，红方速胜。

3. 炮二平七　炮 2 退 5

4. 兵五进一　士 6 进 5

5. 炮七平五　象 3 进 5

6. 兵七进一　马 3 进 1

黑方不吃红车也没有好的防守办法，黑方单士单象，空有多子之利却无防守之能。

7. 帅五平四　将 5 平 4　　8. 车四平六　将 4 平 5

9. 车六平一

叫杀得车，红胜。

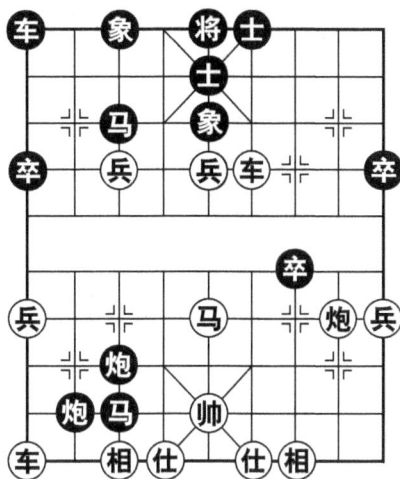

图 63

第 64 局　回马抢攻夺炮胜

如图 64 形势，是当时国内流行的左马盘河反击红方的中炮过河车的一个中局。黑马吃掉对方中兵后，从表面看应回到自己的河口比较稳健，但黑方艺高人胆大，回马一枪站立在对方的河口上，为今后的攻杀谋子做好准备。实战如下：

1. ……　　　　马 5 退 3

2. 车九进一　炮 2 进 2

3. 车九平七　前马进 4

4. 车七平六　马 4 退 5

回马枪的真面目露出来了，既吃炮又挂角，逼得红方手忙脚乱。

5. 车四进一　车 7 进 5

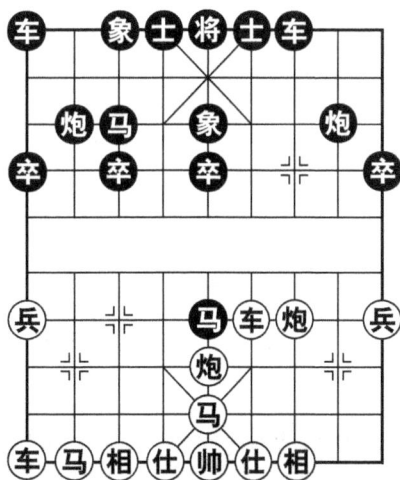

图 64

黑方进车欺车好棋，抓住红方窝心马的弱点，步步紧逼。

6. 车四退一　车7进1

红方在保帅中，一员大将"无可奈何花落去"，干脆及早认输算了。

第65局　退马保兵巧连环

如图65形势，这是1957年上海表演赛中湖北李义庭和上海窦国柱的一局棋。双方进行了精彩的中局搏杀。实战如下：

1. 前马退六　……

回马一枪，既躲马又保兵，还为今后的进攻埋下伏笔。同时还能与窝心马结成较好的攻守联盟。

1. ……　　　炮2平4

2. 马五进七　炮4进2

3. 炮八进一　象5进3

红进炮骑河打车，妙手！使黑方车炮进退两难。黑飞高象兑炮，无奈之着。如退炮则红炮八平五！又如退车，则兵五进一，红方均大占优势。

4. 车九平八　卒7进1

冲小卒不如改走炮4平2兑炮，则车八进五，象7进5，兵七平六，车3进2，黑方虽处下风，但不致速败。

5. 炮八平六　炮8平5　　　6. 马七进五　车8进5

7. 马五进三

伏马三进四及炮六平五的凶着，黑方见大势已去，认输。

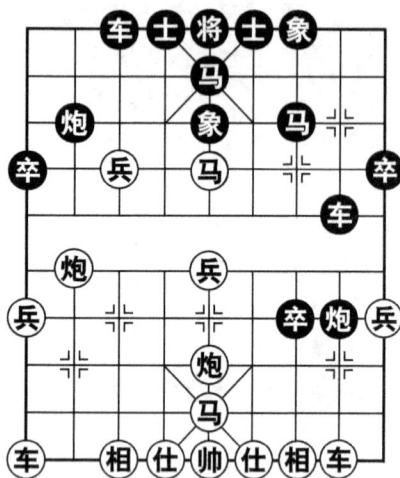

图65

第66局　退马弃车一步杀

如图66形势，这是1959年首届全运会中，湖北李义庭和上海何顺安下得一盘中局。红方抓住黑方窝心马的弱点，大胆弃车奔马入杀，棋战中大显英雄本色。实战如下：

1. 马七退五！……

此时红方抓住黑方窝心马的弱点，作出了退马吃炮弃车重大战略决策。

1. ……　　　车3退3

2. 马五进六　马7进5

黑方如改走象7进5，马六进五，马5退3，马五进三双将。

3. 炮八进七　车3退4

4. 马六进八　象7进5

5. 马八进七

红胜。

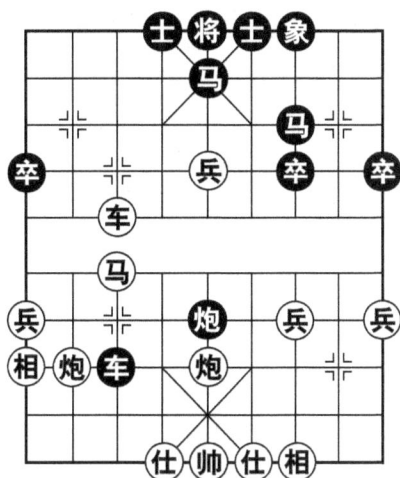

图 66

第67局　妙退金马双车杀

如图67形势，这是2001年全国象棋个人赛上，沈阳卜凤波对上海胡荣华的一局棋。实战中黑方弃马攻杀十分精彩。实战如下：

1. ……　　　马5退7！

这步回马枪妙极了！一是马从敌宫虎口逃出，必要时可以兑掉红马，减弱红方防守能力；二是保护了黑车，使黑方还可以保留双车攻杀的机会。

2. 马四进三　……

红方如先走炮五平六，黑方还是走车8进1，杀法与实战基本相同。

2. ……　　　车8进1

3. 炮五平六　车8平5

双车成杀，黑胜。

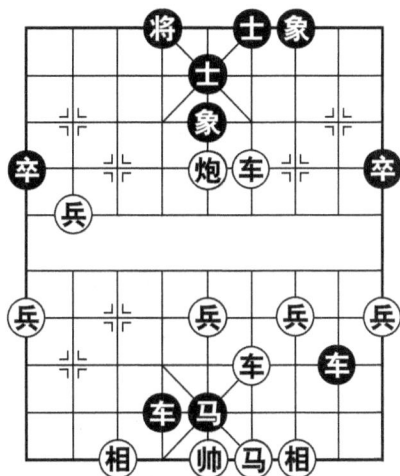

图 67

4. 帅五平四　车4进1

第68局　回马金枪威风震

如图68形势，是2002年全国象棋团体赛中，吉林陶汉明对上海胡荣华下的一局棋。双方以仙人指路对进马开局。弈至此中盘局面，现轮黑方走子，实战如下：

1. ……　　　前马退2！

黑方返马精妙之着，由此入局。

2. 车七退三　……

红方如不走车，改走兵七平六，马2进3，帅六进一，车2退1，帅六进一，马4进6，黑速胜。

2. ……　　　炮5平3

这步打车也是比较及时，使红车无路可躲。

3. 兵七平八　马4进3

双马充分发挥作用，像巨蟒一样紧紧缠住红车。

4. 兵八平七　车2退1

红方失车，投子认输。

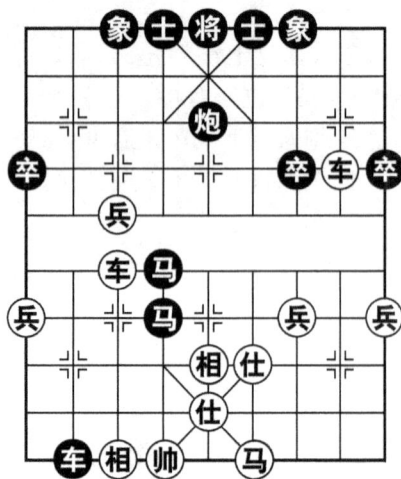

图68

第69局　回马叫杀又踩车

如图69形势，这是第11届"银荔杯"冠军赛第6轮中，吕钦对吴贵临以进马局布成的阵势。我们且看红方怎样设置回马枪的陷阱。实战对局如下：

1. ……　　　车1平6	2. 马四进三　马2进3

红马及时过河进入黑方阵地潜伏下来，准备发起偷袭！

3. 仕六进五　卒5进1	4. 车九平六　马3进5
5. 车二进一　马5退6	6. 车二退一　车6进4
7. 兵三进一　卒5进1	8. 车二退二　卒5平6
9. 车六进八　马6进5	10. 车六平八　马5进7

11. 兵七进一　象3进5

12. 兵七进一　车2平3

红冲七兵，妙手！黑如改走象5进3，则马三退五踩车挂角，红方速胜。

13. 车八退二　前马进8

14. 炮一平二　车3平7

15. 车八平七　车7进3

16. 马三退五

红马在这里已经埋伏多时，这一下机会终于来了。借杀抽车，黑方认输。

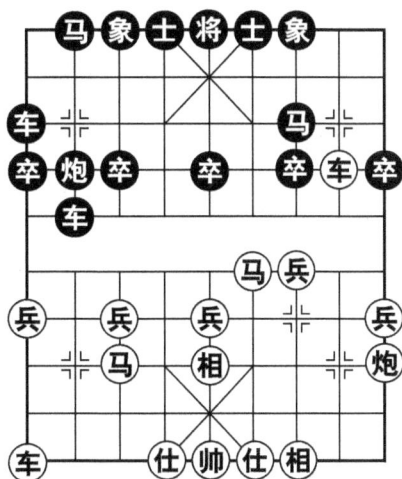

图69

第70局　弃子回马踩双车

如图70形势，是2003年全国象棋个人赛上，煤矿李鸿嘉与广东吕钦以五八炮进三兵对屏风马弈至第23个回合时形成的阵形，黑方弈出了精彩的弃子夺车妙着。实战如下：

1. ……　　车6进2

进车砍马，弃车后有回马枪作为后盾，妙着！

2. 车二平四　马5退4

黑方一步回马踏双车，马上多了两枚大子，红方认输。

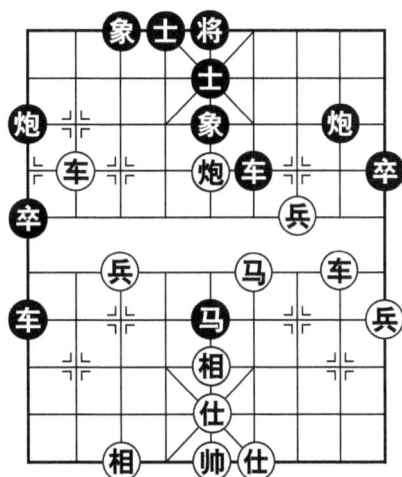

图70

第71局　回马金枪如雷霆

如图71形势，是2008年全国象棋个人赛上，江苏李群对广东吕钦以对攻激烈的中炮过河车对屏风马平炮兑车弈成的阵形。实战中黑方回马金枪的杀法，使人留下难忘的印象。着法全过程记述如下：

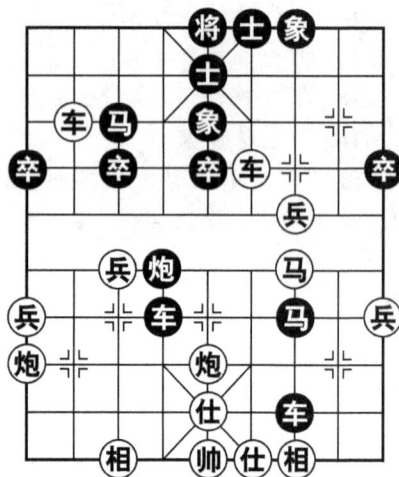

图71

1.……　　　马7退5！

这步退马极凶。既踩车，又打马，还隐藏着叫杀，有如雷霆万钧之力。

2. 马三退四　车4进3

3. 帅五平六　马5进4

妙杀！黑胜。

第72局　金枪虚晃打死车

如图72形势，是1985年淄博"柳泉杯"象棋大师邀请赛上，江苏徐天红对湖北柳大华的一局棋，双方布成仙人指路转左中炮对卒底炮飞左象的局面。此局在用马方面很有意思。实战如下：

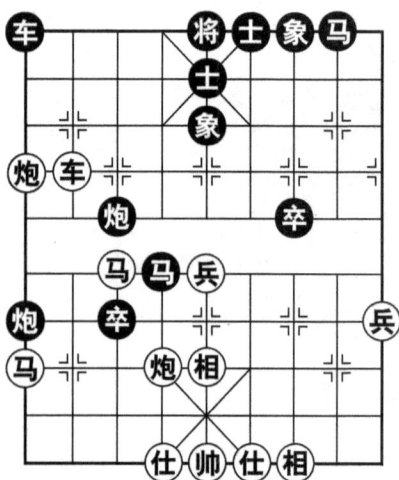

图72

1. 马七退九　……

红方坚定不移地选择吃炮，这是有目的的举措。一是表面上给黑方先弃后取的假象；二是要打薄边线，便于围剿黑方边车。这是高手对弈中一步深谋远虑的圈套。

1.……　　　卒3平2

2. 前马进八　……

继续实施边线打薄策略，将计就计送马还子给黑方，让黑方得到先弃后取的满足。

2. ……　　　马4退2　　　　　3. 马九进八　炮3退4

红方在送马的同时，又继续奔马，把边线的战场开辟出来。

4. 马八进六　马2进3

红方上马，引黑方邀兑上当。此时黑方如马2进4，相五进七，红方也是胜势。

5. 马六退七　卒2平3

这步回马枪醉翁之意不在兑马，而在于引开黑方2路卒，实施对黑车的围剿。黑方在时间较紧的情况下果然中计。

6. 炮六平九

打死车，红胜。

第73局　回马避兑巧谋子

如图73形势，这是1986年全国个人赛中，江苏徐天红对深圳邓颂宏的一盘棋。双方以对兵转列手炮开局，红方在用马方面也很有特色。实战如下：

1. 马九退八　车4平2

红方抓住黑方车位在马的威胁范围的机会，巧妙回马一枪，使黑方在逃车兑子的过程中，马上处于下风。

2. 炮三平七　象3进5

3. 炮七平九　……

以上几个回合，红方利用黑方的失误得子。现在红方平边炮是紧着。

3. ……　　　炮4平2

4. 炮九进三　炮2进2

6. 炮九平五　车2退3

红方胜势，黑方认输。

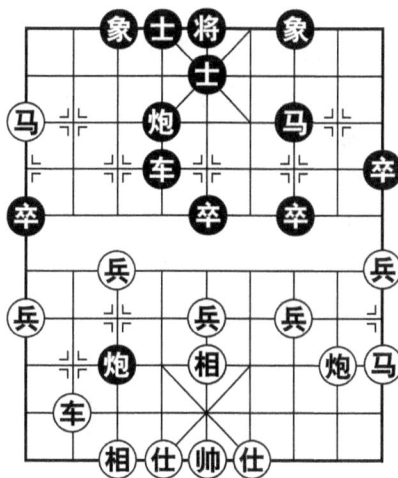
图73

5. 车八进三　马7进5

7. 兵七进一

第74局　金枪回马出妙手

如图 74 形势，这是 1999 年第 20 届
"五羊杯"全国象棋冠军邀请赛中，广东
许银川对江苏徐天红的一盘佳局。双方
以飞相局对右士角炮开局。战到第 15 回
合局面。实战如下：

1. 马三退五！　　车 3 退 1

红方退马窝心妙手，不但得回失子，
而且局面明显占优。这是上述冲兵弃马
等一系列战略的继续。

2. 炮一平六　　车 3 平 5

3. 马五进三　　车 5 平 4

如改走车 5 平 7，炮六退一伏平三打
车，也是红方优势。

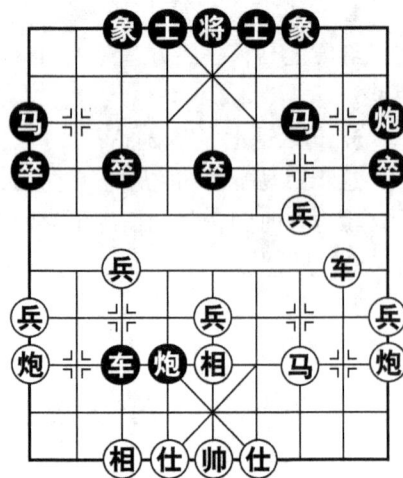

图 74

4. 炮六平七　　卒 1 进 1　　　**5. 兵一进一**　　……

红方三兵渡河后，攻势渐渐展开，黑方防守压力顿增。

5. ……　　卒 5 进 1　　　**6. 炮九退一**　　马 1 进 2

7. 炮九平五　　马 2 进 4　　　**8. 炮五进四**　　车 4 进 2

9. 炮七进一　　车 4 退 2　　　**10. 车二平五**　　车 4 平 3

11. 炮五平七

红方胜定。

第75局　回马金枪定江山

如图 75 形势，这是 2008 年全国象棋个人赛中，广东许银川对云南赵金成
的一局棋，双方以仙人指路对飞象开局，战到第 21 回合弈成的一盘精彩中局。
实战如下：

1. 马九退七！　　……

这步回马妙极了，看似风平浪静的棋局，顷刻发生了翻天覆地的变化。黑
方中路和左翼都出现了很大漏洞。

1. ……   车 5 平 6
2. 马五进六   炮 2 平 4
3. 炮八进七   象 1 退 3
4. 马七进九

黑方难以防守，投子认输。

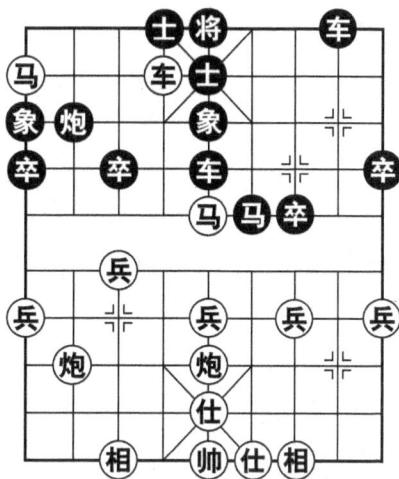
图 75

第76局　连续回马金枪舞

如图 76 形势，这是 1992 年全国象棋团体赛上，吉林陶汉明对武汉万跃明的一盘对局，双方以五八炮进三兵对屏风马两头蛇布局。红方在少子缺相的情况下，不畏强敌，双马奔腾，精彩夺目。实战如下：

1. 马八进七   士 4 进 5

以下红方连续四步退马，金枪乱舞，使黑方眼花缭乱，丢子认负。

2. 马三退五   炮 8 平 6
3. 马七退五   车 4 退 1
4. 前马退三   象 5 进 7
5. 马五退六

吃回一车，红方多子占势，黑方认输。

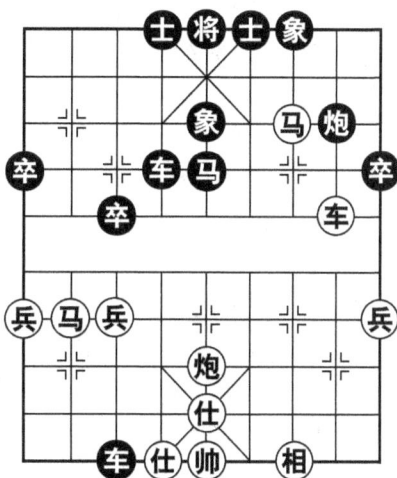
图 76

第77局　回马踏卒找杀机

如图77形势，是双方以夹马炮对屏风马演变而成的中局。黑方中卒在红方马炮的嘴里，怎么吃有讲究。实战着法如下：

1. 马七退五　……

红方不用炮打中卒，而回马吃卒，这是有深谋远虑的一步棋，为后来的马炮组合进攻打下坚实的基础。

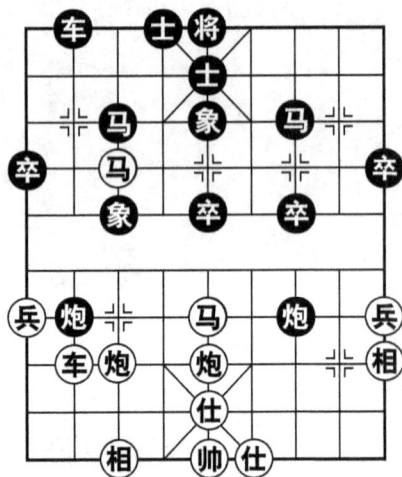

图77

1. ……　　　　马3进5

如改走炮2平1，则车八进七，马3退2，炮七进二，马2进4，炮七平五，黑方难以应付。

2. 炮七退一　炮7平8

3. 后马进七　卒7进1　　**4. 马五退三　……**

回马吃卒，把红马放在最佳的进攻位置。同时有意放黑方中马出来，削弱对方的后防力量。更为绝妙的是设下了一车换双炮的陷阱。

4. ……　　　　马5进6　　**5. 炮七平八　马7进8**

6. 炮八进二　马6进4　　**7. 炮八平三　……**

弃车，算准双马双炮可以构成妙杀。

7. ……　　　　马4进2　　**8. 马七进五　车2进5**

9. 马五进四　将5平6　　**10. 马四进二　将6平5**

11. 马三进二　车2平6　　**12. 炮二平八**

以上红方第1、4回合连续回马，把两匹马调整到了最佳的攻杀位置，并创造了很好的杀机。此时红方四子连攻，绝杀无解。

第78局　回马闪开金光道

如图78形势，是1981年全国象棋个人赛甲组比赛中，广东杨官璘对浙江于幼华的一盘棋。双方以中炮过河车对屏风马高车保马布阵，战到第20回合

时的局面，黑方在用马方面体现了高超
的水平。实战如下：

1. ……　　　前马退5！

黑方这步退马，质量很高。既解打
车之围，又使前方进攻子力的道路全部
开放，弈得相当精彩。

2. 车八进三　　……

进车速败。可以考虑改走炮八进五，
车8平4，炮九平六，马5进3，炮八平
九，红方不致速败。

2. ……　　　炮5平4

3. 车四平一　　炮4退3

4. 车一退一　　马5进4

5. 炮九平六　　马4退3

将军抽去红车，红方无力防守，至此认输。

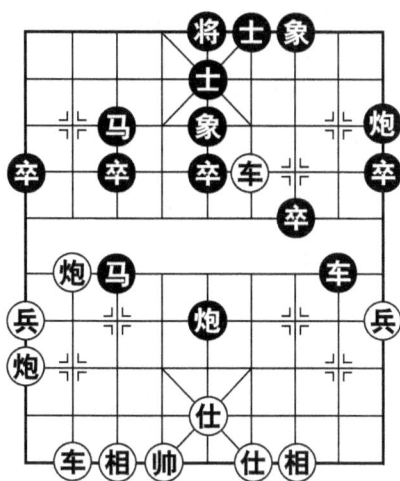
图78

第79局　金枪回马杀双象

如图79形势，是2001年"派威互动
电视杯"象棋超级排位赛中，吉林陶汉
明对江苏廖二平的一局棋，双方以右正
马对飞相局对战，弈至第15回合时形成
的一盘中局。实战着法如下：

1. 马四退五　　马7退8

红方运子精巧，抓住黑方阵形上的
弱点，步步紧逼，妙手频出。在复杂的
中局变化中，红方没有选择马四退三冲
三兵，而采取马四退五破象的战略。一
是立即摧毁了对方防线；二是为马的前
进开辟了广阔的道路。

2. 马五进七　　车1进2

3. 炮三进七　　……

红方再破去黑方一象，红方先手扩大。

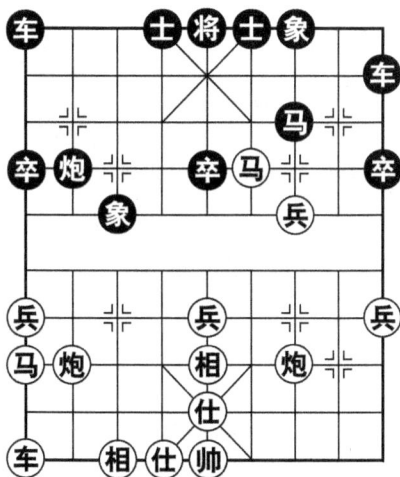
图79

3. ……　　　　士6进5　　　　**4.** 炮三退三　炮2退2

5. 炮八平七　士5进6

如改走车9平8，车九平八，炮2平4，仕五退四，红方胜势。

6. 车九平八　车9平4　　　　**7.** 马七进五　车4平3

8. 炮七进二　士4进5　　　　**9.** 炮七平五　将5平4

如改走马8进9，马五进六，车1平5，炮三平五，红方也是胜势。

10. 炮三进二

黑方失子失势，红胜。

第80局　弃车回马功夫深

如图80形势，是1999年全国象棋个人赛中，吉林洪智与上海胡荣华的一局棋，双方由对兵局转为中炮横车七路马对屏风马进7卒开局，弈至第12回合的枰面。实战着法如下：

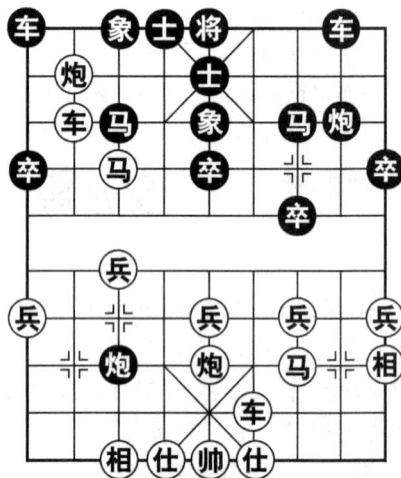

图80

1. 车八平七　马7进6

2. 车四平二　车1平2

3. 炮五进四　……

红方优势局面下走得非常简明，如炮八平六，马6进4，兵七进一，马4退3，车二进五，红方虽然也可以取得优势，但黑方局面有所透松。

3. ……　　　　马6进4

4. 车七进二　……

红方突发冷箭是黑方没有计算到的，充分体现了高手的勇敢气质。

4. ……　　　　车2平3　　　　**5.** 马七退六！

红方金枪回马，消除黑方进入河口的恶马，同时踩炮扩先，牢牢控制局面，是本局棋的关键。以下黑如炮8进3，兵三进一，卒7进1，相一进三，黑方车炮被牵，失子失势，认输。

第81局　回马踩象又抽车

如图81形势，这是第16届象棋电视快棋赛中的一个对局。双方以中炮过河车对屏风马平炮兑车开局，最后以回马枪结束战斗。实战着法如下：

1. 后炮平三　……

红平炮打车跃马，从侧翼进攻，构思灵活。也可改走兵五进一从中路强攻，黑方也难招架。

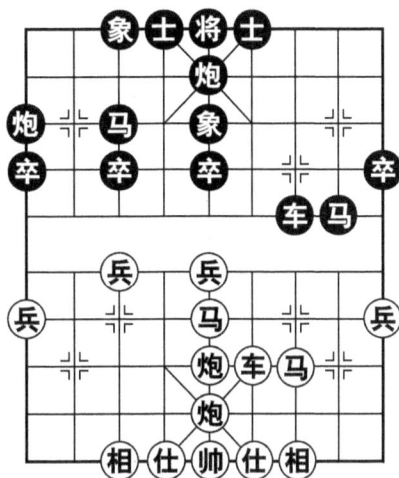

图81

1. ……　　车7平2

2. 马五进三　炮5平7

3. 兵五进一　士4进5

如改走炮7进6，炮五平三，卒5进1，马三进二，红四子集结于右翼仍有强劲攻势。

4. 炮三平一　卒5进1　　**5. 前马进二　炮7进8**

6. 仕四进五　卒5进1　　**7. 炮一进五　车2平7**

8. 马三退一　将5平4　　**9. 马一退三　车7进5**

10. 仕五退四　马8进6　　**11. 车四进一　将4平5**

12. 炮一进三　车7退9

退车无奈。如改走象5退7，则车四进一，黑方丢马亦败。

13. 马二进三　将5平4　　**14. 车四平六　士5进4**

15. 炮五平六　将4进1　　**16. 炮一退一　士6进5**

17. 车六平三　卒5平4　　**18. 马三退五**

最后一步漂亮的回马枪，踏象抽车，红方稳胜。

第82局　回马金枪奠胜局

如图82形势，是2001年乐山"双星电脑杯"全国象棋锦标赛上，广东许银川对北京张强的一局棋，双方以仙人指路对卒底炮开战至第25回合，红方以精彩的回马枪结束战斗。实战如下：

　　1. 马四退五！　车3退6

　　这步回马金枪是一着高难度妙棋，使黑车有路难走，一举夺子奠定胜局。

　　2. 车八进三　炮3平1

　　3. 车六平七　车3平4

　　4. 兵五平六　车7退2

　　5. 马五进六　车7平6

　　6. 相三进五　车6进3

　　7. 车七平九　炮1平6

　　8. 仕五退四　车6平1

　　9. 马六进七　将5平6

　　10. 炮五平四

精彩入局，红胜。

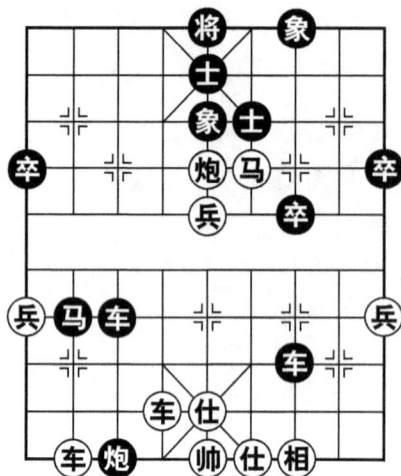
图82

第83局　马喂象口发奇着

　　如图83形势，是广东许银川与河北刘殿中，在2001年全国象棋锦标赛上弈出的一盘精彩对局。双方以中炮过河车对屏风马左马盘河开局，弈至第25回合时形成对攻的盘面。实战如下：

　　1. 马二退一！……

　　红退马精彩绝妙！马喂象口，发起攻击，使人难以预料。黑不能象7进9吃马，否则马三进五，车2退6，马五进三，将5平4，车四进五，将4进1，车四平八，红胜。

　　又如改走炮7平3，则马一进三，将5平4，车七平六，马3退4，后马退五，炮3进3，帅四进一，车2平7，车四进五，将4进1，马五进七，红方捷足先登。

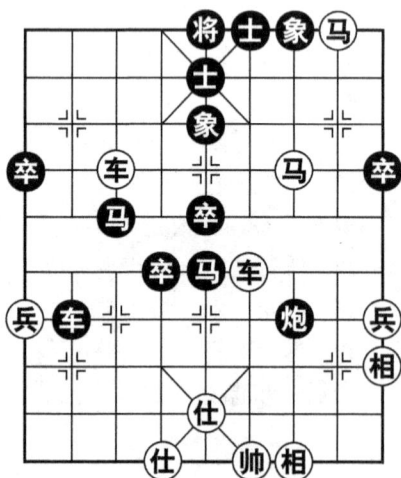
图83

　　1. ……　　车2退4　　　　**2. 马一进三　炮7退5**

3. 车四进四　炮7进1　　　**4.** 马三进五　车2平3

5. 马五进三

进马伏车四进一杀，红必得车。故黑方至此认输。

第84局　回马避兑觅新机

如图84形势，是第12届"银荔杯"象棋争霸赛中的一盘中局。此局由顺炮直车对缓开车开局，经过19个回合较量弈成的局面。双方经过中局激烈搏杀，红方利用回马枪夺子取胜。实战如下：

1. 马五退六！……

回马避兑，老练之着。一是腾空中路，便于进车攻杀；二是避兑反吃炮，步数上赢得时间；三是让退回的红马寻找更加有利的进攻机会。如误走仕四进五吃炮，则车7平5去马，红方难觅战机。

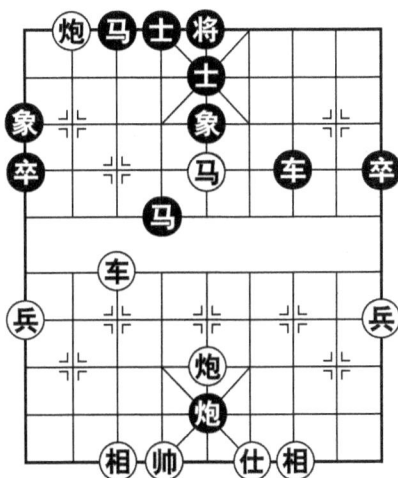
图84

1. ……　　　　炮5平1

2. 车七进四　车7退2

回车保士，无奈之举。如改走车7平5，则车七平六，车5进1，马六退四，车5进2，车六退三，红方得子胜势。

3. 车七平六　马4退3　　　**4.** 马六进八　……

红马新的进攻机会马上显现出来。

4. ……　　　　前马进5　　　**5.** 车六退二　车7进3

黑如改走车7进2，则马八进七，捉死黑马，红方多子胜定。

6. 马八进九　车7退1　　　**7.** 马九进七　将5平6

8. 马七退五　车7平6

红马奔腾驰骋，黑方防不胜防。

9. 仕四进五　将6进1

黑方只有招架之功，没有还手之力了！

10. 炮五平四　车6平8　　　**11.** 马五进三　车8平7

12. 马三退四　士5进6　　　**13.** 车六平五

红方多子得势，至此黑方认输。

第85局　回马保家换阵形

如图 85 形势，这是一局由五七炮对
屏风马开局，经过 14 个回合交手后弈成
的局面。双方开局都抢先出子，黑方三
个大子冲入红方阵地，黑炮远程瞄相，
即将发动一场猛烈的攻势。红方面对严
峻形势，巧妙回马窝心，及时调整阵形，
最后在逆境中赢得了胜利。实战如下：

1. 马三退五　……

红方退马妙极了！既保底相，又兼
打马，还可及时腾挪中炮转换阵形，一
举多得。

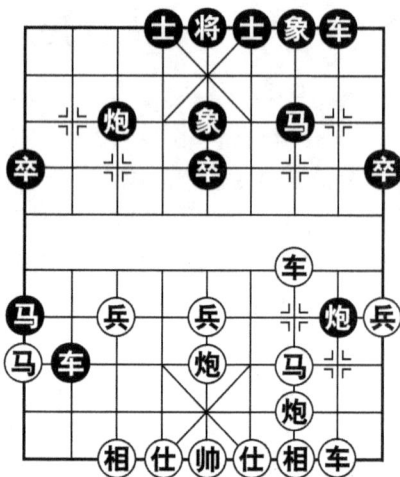

图 85

1. ……　　　　马 7 退 9

2. 车二进二　……

红方高车是为调形做准备。

2. ……　　　　士 6 进 5　　　　3. 炮五平四　……

红方卸中炮伏有炮四进七，车 2 平 8，炮四平二，士 5 退 6，炮二退七得
车的手段，并可顺势联相调整阵形，是攻守兼备的佳着。同时也是上述回马枪
的后续手段。

3. ……　　　　车 8 进 3　　　　4. 相三进五　车 2 退 3

5. 马五进三　马 1 进 3

黑进马窥中兵失策，导致失子。此时应改走卒 1 进 1，静观其变为宜。

6. 马三进二　炮 8 平 6

红跃马出击，正是时机！红方由此步入佳境。黑如改走马 3 退 5，则车三
平五，车 2 平 5，车五进一，卒 5 进 1，车二进一，马 5 退 6，炮三平二，马 6
进 8，炮四平二（如炮二进三，马 9 进 7，黑方还有回旋余地），卒 5 进 1，车
二进一，车 8 进 2，后炮进三，红方多子占优。

7. 车三平七　马 3 退 5　　　　8. 车七进三　炮 6 退 4

9. 车七退一　炮 6 平 8　　　　10. 炮三平二　马 9 进 7

黑方此时另有三种下法，均难挽败局：①炮 8 进 3，炮二进三，车 2 平 8，
车二进一，马 5 退 6，炮二进二，车 8 进 2，炮二平三，红方多子胜势。②车 8

平6，马二退四，车6进3，炮二进六，红方得子占优。③马5退6，车七退二，黑方无法追回失子，仍是败势。

11. 车七平九	车8平6		**12.** 马二退四	车6进3

红退回马换车，逼兑后红方确立了多子优势，已呈胜势。

13. 炮二进六	马5退4		**14.** 车九退二	马4进3
15. 马九进七	车6平3		**16.** 车九平三	车2平7
17. 车三进一	象5进7		**18.** 车二进四	马7进6
19. 炮二进二	象7进5		**20.** 炮四平一	士5进6
21. 炮一进四	车3平9		**22.** 炮二平一	车9平5
23. 后炮平五	象5退3		**24.** 炮五平三	车5平9
25. 车二进三	将5进1		**26.** 车二退一	将5退1
27. 炮一平二	马6退7		**28.** 车二平三	马7进9

黑如改走车9退4，则车三进一，将5进1，炮二平六，红亦胜定。

29. 炮三平二	象3进5		**30.** 车三平一	

红平车后伏有前炮平一叫杀得子的手段，黑见大势已去，遂停钟认负。

第86局　于无声处战马嘶

如图86形势，棋战中高水平棋手的胜负，往往决定于细微之处的精雕细刻。此局是在一次全国重大比赛中的精彩对局。两位特级大师以飞相局对士角炮开局。双方都想从四平八稳的布局中做取胜的文章。而红方细中更细，在细微变化中连续巧妙运马，最后以深厚的残局功底取得胜利。实战如下：

1. 马六退四！……

这步退马充分体现了高手的精细。此时从兵力上看，红方唯一就只多一个七兵，红方当然会倍加珍惜的。如改走兵七进一，马4退6，车三平四，象5进3，马六退四，虽仍属红优，但弃掉七兵，未免可惜。

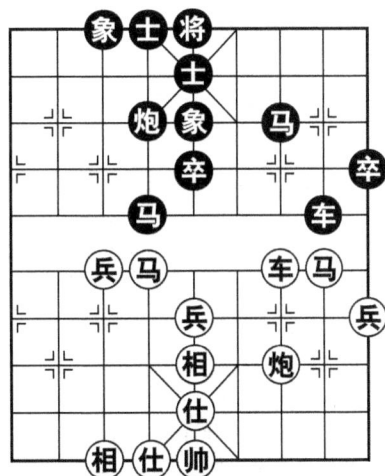

图86

1. ……	马7进6		**2.** 炮三平二	车8平9

3. 马二退三　马6进5　　4. 马三进五　马4进5

5. 车三平五　车9进2　　6. 车五退一　车9平8

7. 炮二平四　卒5进1　　8. 车五平八　卒5进1

9. 炮四退二　……

红方退炮老练。如改走马四退六，则车8进3，仕五退四，卒5平4，黑可纠缠。

9. ……　　　炮4进2

10. 马四退六　车8平2　　11. 马六进八　炮4平2

12. 兵七进一　象5进3　　13. 马八进七　卒5进1

14. 马七进八　卒9进1　　15. 仕五进四　炮2平8

16. 马八进七　卒9进1　　17. 炮四进一　卒5平4

18. 炮四平九　将5平6　　19. 马七退八　炮8平5

20. 帅五平四　炮5平4　　21. 马八退七　卒4平3

黑如改走卒4平5，则炮九平五，卒5平6，炮五平四，红亦得卒。

22. 炮九进八　将6进1　　23. 炮九平七　士5进6

24. 炮七退六　将6退1　　25. 炮七平四　士6退5

26. 马七退六　炮4进5　　27. 帅四平五　炮4退1

28. 相五退三　将6平5　　29. 炮四进一　炮4平8

30. 炮四平八　将5平6　　31. 马六进四　士5进4

32. 炮八平一　士4进5　　33. 马四进三　将6平5

34. 炮一平五　将5平4　　35. 马三退五　将4平5

36. 马五退三　将5平6　　37. 炮五平四　炮8进1

38. 帅五进一

至此，黑方认负。

第87局　金枪回马斗残局

由中国象棋协会主办，安徽棋院承办的"华亚防水杯"全国象棋大师特级大师赛，于2001年10月30日至11月3日在合肥市举行。如图87形势，这是进入前四名的两位特级大师的一盘精彩对局。双方以五七炮对屏风马开局，斗到第16回合，双方都兑掉了双车，决心在残局上见功夫。黑方连续使出回马枪手段，最后赢得了胜利。实战如下：

1. ……　　　马5退3!

面对红方中炮对中路的压力和对边卒的控制，黑方回马一枪，从右面配合边卒发起攻击。突破点找得非常正确。

2. 仕四进五　炮2进2

3. 炮六平三　炮2平5

4. 兵五进一　卒1进1

回马兑掉红中炮后，边卒得以顺利前进。

5. 马九进八　前马退1

6. 炮三进三　马1退2

7. 炮三平七　马2退1！

黑两步回马枪追走红炮，让右面的进攻顺利发展。

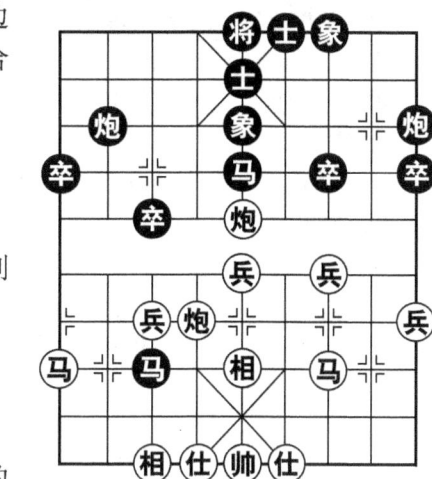

图87

8. 炮七平四　卒1进1　　　9. 马八退六　马1进2

10. 兵三进一　马2进3　　　11. 马六进四　前马进4

12. 兵三进一　卒9进1　　　13. 马四进二　炮9退1

14. 炮四退四　象5进7　　　15. 马三进四　卒1平2

16. 马四退二　象7进9　　　17. 炮四平一　士5退4

18. 炮一退一　马4退2　　　19. 前马进三　炮9平6

20. 兵三平二　马2退4　　　21. 兵五进一　炮6平7

22. 兵五平四　马3进4　　　23. 兵四进一　炮7平1

24. 马二进三　士4进5　　　25. 前马退四　后马进6

26. 马四进六　炮1进3　　　27. 马三退五　卒3进1

28. 炮一平四　炮1平5　　　29. 帅五平四　卒3平4

30. 马五退四　马6进7　　　31. 炮四平三　炮5平2

32. 马六退四　炮5平6　　　33. 帅四平五　卒2平3

34. 兵四平五　马4退6

黑方回马打马后控制了整个局面。红方在金枪飞舞的情况下，甚至开始出现差错。

35. 相五进七　炮6退2　　　36. 马四进三　卒4平3

37. 仕五进四　炮6平5　　　38. 马三进一　卒3平4

39. 马一退三　炮5退1　　　40. 兵二平三　马6退7

41. 马三进四　马7进6　　　42. 马四进三　将5平4

43. 炮三平六　卒4平5　　　44. 仕六进五　象9退7

45. 帅五平六　象7进5　　　46. 马三退五　卒5进1
47. 兵一进一　马7退8　　　48. 兵一进一　马8退6
49. 马五进七　前马进8　　　50. 兵一进一　卒5平6
51. 马七退八　马6进5　　　52. 炮六进二　马8退6

又一金枪回马，咬炮解打双，同时还解除了红方反马将军抽炮的恶手。

53. 炮六退一　马5进3　　　54. 帅六进一　炮5平3
55. 相七进九　卒6平5　　　56. 相九进七　马3退1
57. 相七退九　卒5进1　　　58. 炮六进四　马1退2

又一漂亮的回马，踩炮将军抽相，红方防不胜防，只能投子认负了。

第88局　马退车口有怪着

为了庆贺《青岛晚报》创刊10周年，由中国棋院和《青岛晚报》共同主办的"青岛晚报杯"中国象棋棋王争霸赛，于2001年12月23～27日在青岛日报社阳光大厅举行。如图88形势，这是广东许银川对吉林陶汉明，以五六炮过河车对屏风马两头蛇走成的一盘中局。双方激烈对攻，实战如下：

1. 马九退八　……

红方车口走出回马枪，下伏马八进七捉炮手段，是摆脱黑方中炮控制，确立多子之优的精妙之着。

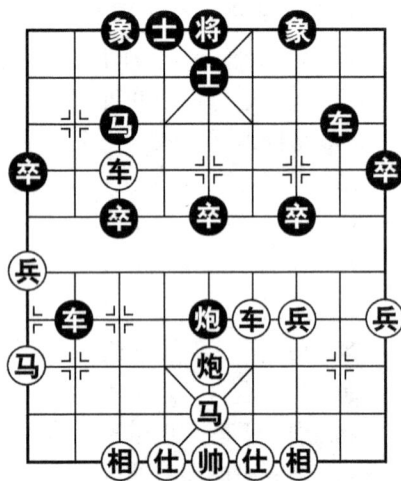

图88

1. ……　　　车8平4
2. 马八进七　卒5进1

如改走车4进5，则车七进一，象3进5，车七退一，卒5进1，车七平五，车4平3，车四平五，卒5进1，马五进七，卒5进1，相三进五，车2平7，车五平一，车7平3，马七退八，车3平1，车一退二，卒1进1，兵九进一，车1退2，车一平五，黑难求和。

3. 马七进五　卒5进1　　　4. 马五进七　车4进5
5. 仕四进五　车4平3

黑应改走车4平5，相三进五，卒5平6，车七进一，车2平3，马七退八，象7进5，车七退一，卒9进1，车七平九，卒6平7，车九平一，车3平1，黑方还有求和希望。

6. 车七平三　象7进5　　　**7. 车四进五　士5退6**

8. 炮五平四

红方胜势。

第89局　退马伏杀又扫卒

由中央电视台体育中心和中国象棋协会主办，派威科技公司独家冠名赞助的"派威互动电视杯"象棋超级排位赛，于2002年3月9日~7月6日在北京中央电视台举行。如图89形势，这是由黑龙江赵国荣与广东许银川，以仙人指路对卒底炮开局弈成的一个中局盘面。在双方子力相等的情况下，红方巧妙退马及时扫卒，最后以净多三兵的绝对优势取得胜利。实战如下：

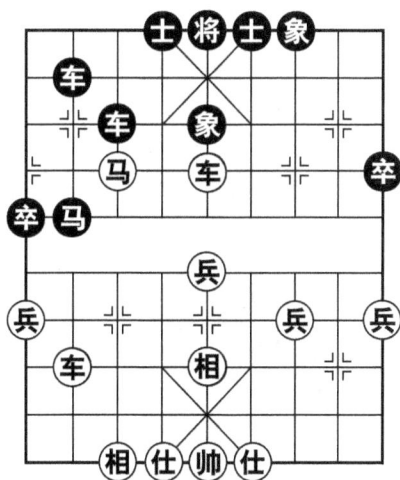

图89

1. 马七退五　士6进5

红方这步马退得比较妙！可进可退。黑方如急于兑子走马2进4，车八进六，马4退5，车八退二，马5进7，兵三进一，黑方难应。

2. 车五平一　车2进1　　　**3. 马五退七　马2进3**

4. 车八进五　车3平2　　　**5. 马七进六　车2平3**

6. 兵五进一　车3进2　　　**7. 仕四进五　卒1进1**

8. 兵九进一　马3退1　　　**9. 马六退七　车3平2**

红马进退自如，牢牢掌握多兵的优势，使黑方只能勉强应付。

10. 马七进六　车2平3　　　**11. 马六退七　车3平2**

12. 车一平九　马1进2　　　**13. 车九平八　车2退1**

人多不怕鬼，再把车兑掉。

14. 马七进八

最后红一马带三兵，必胜单马。至此红胜。

第90局　退马河口步佳境

由中国象棋协会与广西银荔集团联合主办的第 13 届"银荔杯"象棋争霸赛，于 2002 年 3 月 16～23 日在北京举行。如图 90 形势，这是广东许银川对上海孙勇征的一局棋。双方以五七炮对屏风马开局，弈至第 21 回合时的局面。实战如下：

1. 马七退八 ……

红回马河口，以退为进，着法灵活，由此步入佳境。

图 90

1. ……	车 8 平 7		
2. 炮六退二	炮 7 平 6		
3. 炮六平七	马 2 退 1		
4. 车四平五	车 7 进 2	5. 后炮平九	马 1 进 2
6. 马八进七	卒 5 进 1	7. 车五平八	……

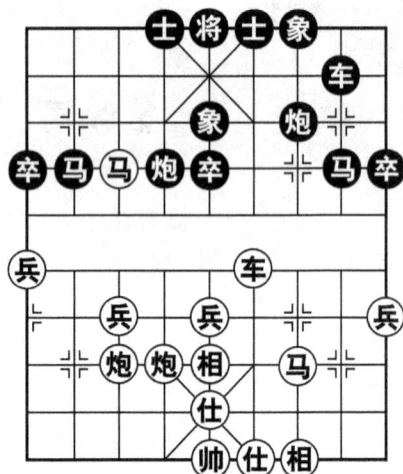

这一回合，黑方弃卒冲车，以求腾挪，重新布防。红方不贪图一卒之利，挥车左调，继续压制黑方兵力，是大局感极强的下法。

7. ……	车 7 退 2	8. 炮九进六	车 7 平 1
9. 兵九进一	士 4 进 5	10. 车八进一	

红方进车捉死黑方中卒后净多三兵，且大军压境。黑见回天无力，遂推枰认负。

第91局　以退为进拓新路

第 2 届全国体育大会"小角楼杯"象棋赛于 2002 年 5 月 26 日至 6 月 2 日在四川绵阳举行。如图 91 形势，这是广东和吉林两位高级别棋手的一盘紧张战斗。双方以顺炮直车对缓开车布局，弈至第 18 合时的情形。双方在中路咬得很紧，黑方中路较为厚实，现轮红方走子，实战如下：

1. 马五退六 ……

红方回马以退为进，是本局获胜的一步关键棋！便于以后运马中路发动攻击。

1. ……　　　车 2 退 2

2. 马三进五　马 7 进 8

黑如改走车 2 平 1 吃相，则车六平八，红亦占优。

3. 车六平九　车 2 退 2

4. 炮五进三　卒 5 进 1

5. 马五进七　……

红方第 1 回合退马的功力开始体现。

5. ……　　　马 1 退 3

6. 兵七进一　马 3 进 1

7. 马七进六　炮 1 平 3

黑如改走马 1 进 3 吃兵，则后马进七，马 3 退 2，马六进七，马 2 进 4，车九平六，将 5 平 4，炮七平六，红方胜势。

8. 后马进七　车 2 退 2

黑不能走炮 3 进 3 吃炮，否则红马六进七，将 5 平 4，车九平六，红胜。

9. 马六进七

黑方认负。因以下黑必走炮 3 退 3，红马七进八吃车后，多子胜定。

第 92 局　残局斗马见功底

如图 92 形势，在第 2 届全国体育大会上，两位国家级高手的残局较量。当时盘面上黑方只多一个卒，但凭借深厚的残局功夫，特别是对马的精心运作后，终于以回马枪赢得胜利。实战如下：

1. 马五退七　……

红退中马失策，造成败势。此着应改走马五进六，马 5 进 4，马六进八，马 4 进 6（如马 4 进 2，双方均无子可动，和势），马二退一，后马进 4，马八退九，马 4 退 5，马一进三，马 5 进 7，兵一进一，卒 9 进 1，马三进一，这样红方有一边兵，黑难取胜。

1. ……　　　马 5 进 4　　　2. 兵九进一　卒 1 进 1

3. 马七进九　马 4 进 6　　　4. 马二退一　后马进 4

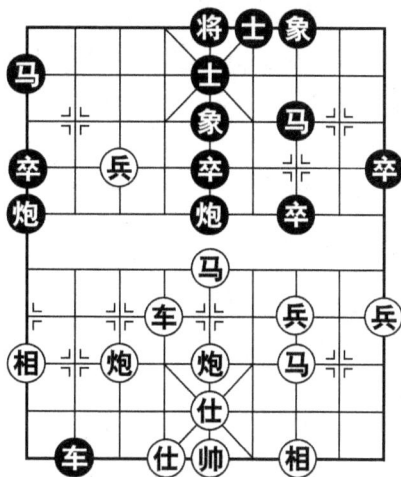
图 91

5. 马一进三　马4退5

经过几个回合努力，黑方回马一枪，终于又得了一个兵。

6. 兵一进一　卒9进1

7. 马三进一　马5进7

8. 马九进八　卒7进1

9. 马八进七　将5平4

10. 马七退六　马7退5

马吃兵以后，离开险地，便于重新组织进攻。

11. 马一进二　卒7进1

12. 帅五平六　卒7平6

13. 帅六平五　马6进7

14. 帅五平四　马5退7

鳖住马腿，调整阵形，组织新的进攻。

15. 马六退四　后马进5

红方退马不妥，被黑方乘机进马切断退路。此时应改走马二退一，后马进8，马一退二，马8进7，帅四进一，红可坚守。

16. 马二进三　象5进7　　　　17. 马三退二　象7进5

18. 帅四进一　马7退6　　　　19. 帅四退一　马6退8

回马组织和掩护小卒联合进攻。

20. 帅四平五　马8进7　　　　21. 马二退一　马5进6

22. 马四进六　马6进7　　　　23. 帅五平六　后马退5

24. 马一退三　马5进3　　　　25. 帅六进一　卒6进1

26. 马三退四　马7退8

回马准备掩护3路卒渡河。

27. 马六退五　马8进9　　　　28. 马四进二　卒6平5

29. 相五退三　卒3进1

黑方3路卒渡河后，形成必胜残局。由于本次比赛采用40回合的自然限着，所以红方还有一线和机。前面双方已用去20回合，红方还须再坚持20回合方能成和。而黑方则须在20回合内有所突破。

30. 马二进三　马9退7　　　　31. 马五进六　卒3平4

32. 马三进五　马7退6　　　　33. 马五进七　将4平5

34. 马六退四　卒4进1　　　　35. 马七退六　将5平4

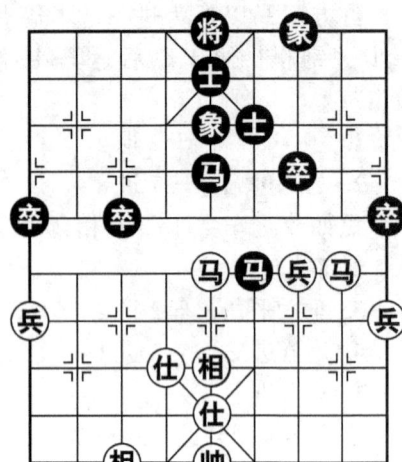

图 92

36. 马六进七　马6退4　　　　**37.** 马四退六　……

红退肋马失着，由此致败。应改走马七退六，尚可支撑。

37. ……　象5进3　　　　**38.** 马六进八　……

红进八路马无奈之着。如改走马六进四，则马4进3，再前马进1吃掉七路底相，黑亦胜定。

38. ……　将4平5　　　　**39.** 马七退五　卒4平3

40. 仕五进四　卒3平2　　　　**41.** 帅六平五　马3退4

黑回马一枪，捉死红方八路马，妙极了！红方只好认负。

第93局　退马叫杀逼兑子

"黄山杯"全国象棋特级大师、大师赛于2002年11月14日至17日在安徽桐城举行。如图93形势，这是两位特级大师，以中炮对半途列炮走成的中局。此时红只多一兵，如何取胜？实战如下：

1. 马七退五　……

红金枪回马叫杀迫黑方兑炮，以便飞起右相谋卒活车，细腻之着。

1. ……　炮5进5

2. 相三进五　车8退1

3. 马五退三　马7进9

4. 车二平三　车8平3

5. 前马进二　车3平7

6. 马三进四　炮8进1　　　　**7.** 相五进三　……

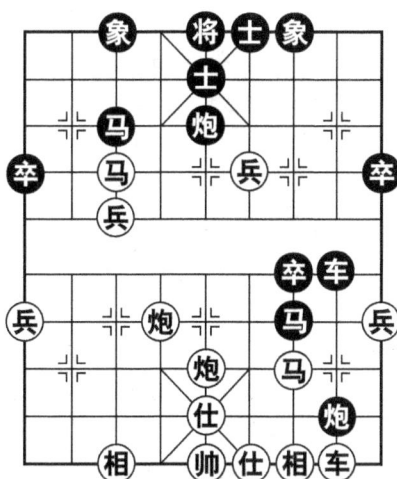

图93

红飞河相捉马，巧妙地解除了黑方马炮对红车的牵制，并使黑马处于困境，是迅速取胜的有力之着。此着如改走炮六退一，则马9进7，帅五平六，马7退8，车三平二，马8退6，车二进四，马3进4，红虽仍优，但无杀势，红欲取胜，尚费周折。

7. ……　炮8退3　　　　**8.** 相七进五　马3进2

9. 炮六退一　马2进4　　　　**10.** 炮六平一　……

至此，红方擒得一马，由此奠定胜局。

10. ……　炮8平6　　　　**11.** 炮一平三　炮6平7

12. 车三平二　车7平2	13. 车二进三　车2进2
14. 马二进三　将5平4	15. 车二进二　炮7退5
16. 炮三进六　马4进6	17. 车二平六　将4平5
18. 车六退二	

退车逼兑，形成众寡悬殊之势，黑方不敌认输。

第94局　退马谋子施鬼手

由中央电视台体育中心和中国象棋协会主办，派威科技公司独家冠名赞助的 2001～2002 年"派威互动电视杯"象棋超级排位赛（总决赛）于 2002 年 11 月 9 日至 12 月 21 日在北京中央电视台举行。如图 94 形势，这是"岭南双雄"许银川与吕钦的一盘对局，双方以中炮横车盘头马对反宫马开局，行至于此，红方突施鬼手，回马谋子得胜。实战如下：

1. 马五退六　……

红方利用黑方的失误，巧退肋马打死黑方中马，谋得一子，可谓一击中的。从而为获胜奠定了物质基础。

图 94

1. ……　　　　卒9进1	2. 炮五进五　车8平4
3. 马六进四　车4进5	4. 帅五进一　车4退6
5. 车四平三　车4进5	

黑如改走马3进2，则炮五退三，车4进5，帅五退一，车4进1，帅五进一，马2进3，车三平八，红亦胜势。

6. 帅五退一　车4进1	7. 帅五进一　车4平6
8. 马四进二　车6退5	9. 马二进三　车6平4
10. 炮五平七　车4进4	11. 帅五退一　车4进1
12. 帅五进一　车4退1	13. 帅五退一　车4进1
14. 帅五进一　车4退3	15. 兵三进一　卒1进1
16. 车三平四　马3退2	17. 马三退四　马2进1
18. 炮七平九　马1退3	19. 兵三进一　车4平3

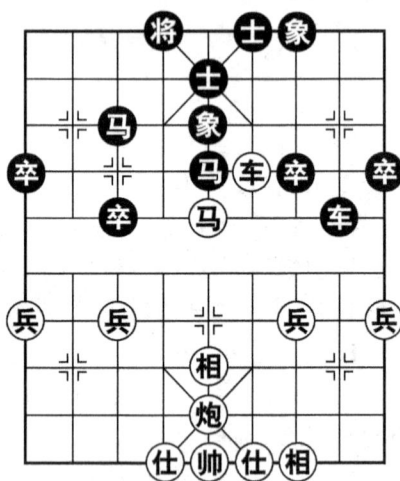

20. 车四平七　马 3 进 1　　　　**21.** 车七进一　马 1 退 2

22. 车七平八　马 2 进 4　　　　**23.** 车八退一

黑方少子不敌，至此认负。

第95局　退马求变显身手

由中国象棋协会、广州市番禺区人民政府主办的"明珠星钟杯"全国象棋16强精英赛，于 2002 年 12 月 21 日至 25 日在广东番禺举行。如图 95 形势，是比赛中的一盘对局。两位特级大师以中炮直横车对屏风马两头蛇开局，现双方子力处于短兵相接的状态，如接受兑子，成和面较大。高手往往在这个时候会采取特殊的求变方式。实战如下：

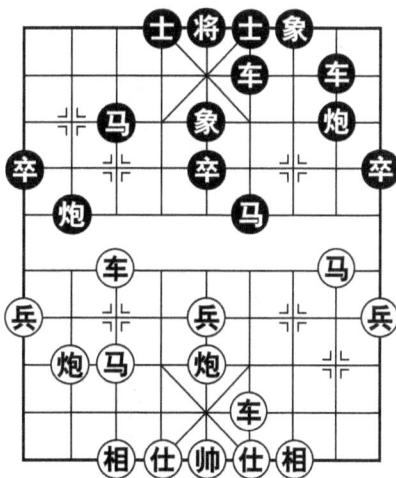

图 95

1. ……　　　　　马 6 退 8

棋战中，高手的一个最大特点就是求变，在复杂的求变中寻求常人难以发现的战机。黑方这步回马枪出人意料，这就是高手的聪明之处。如改走马 6 进 8，车四进七，车 8 平 6，车七平二，炮 8 平 9，马七进六，炮 2 平 4，炮八进四，车 6 平 2，炮八平一，车 2 进 4，局势简化，双方接近均势。

2. 车四进七　车 8 平 6　　　　**3.** 炮五平二　车 6 进 2

4. 炮二进四　……

在此之前有过这样的实战变化：相七进五，马 3 进 4，炮二进四，车 6 平 8，马二退三，卒 5 进 1，马七进六，炮 2 退 3，炮八平六，马 4 退 3，车七进二，车 8 平 3，马六进七，炮 2 平 5，红方无隙可乘。

4. ……　　　　　车 6 平 8　　　　**5.** 马二进四　炮 2 平 5

6. 仕六进五　车 8 平 6　　　　**7.** 马四退二　炮 5 平 8

8. 相七进五　士 4 进 5　　　　**9.** 马七进八　卒 5 进 1

10. 马二退三　前炮退 1　　　　**11.** 兵一进一　后炮平 9

这一回合双方弈来针锋相对，红方挺边兵貌似悠闲，实含待敌自乱及马三进一调整马位之意。黑平边炮使红方不能走马三进一，否则黑接走炮 8 进 3 挤马，红方不利。

12. 兵九进一　炮8平7　　　　**13.** 马三进四　炮7平8

14. 马四退六　车6平5　　　　**15.** 炮八退二　马3退1

黑方退马，希望得机马1退3、马3进4，达到巩固中卒及防范红六路马跃至左相河头跳卧槽的目的，运子极见功力。黑方此时不能走马3进4，否则车七平六，马4进2，车六平八，红方兵种齐全占优。

16. 车七平二　炮8平7　　　　**17.** 炮八平九　马1进3

18. 马六退八　炮7进1　　　　**19.** 后马进七　马3进4

20. 马八退九　炮9平7　　　　**21.** 炮九平七　士5进4

22. 马九退七　后炮退1　　　　**23.** 后马进六　马4进5

黑马径取中兵，先弃后取，实出红方所料。红如马七退五吃马，则卒5进1渡中卒捉死红马，黑方占优。

24. 车二进四　后炮进1　　　　**25.** 车二退三　……

红退车骑河欠妥。此时应改走车二平八，士6进5（如卒5进1，则马七进八，下伏炮七平九的攻击手段，黑难应付），炮七平九，前炮退1，马七进五，双方均势。

25. ……　卒5进1　　　　**26.** 马六进七　车5平3

27. 车二进二　后炮进7　　　　**28.** 相五退三　马5退3

29. 马七退五　炮7平5　　　　**30.** 相三进五　炮5进3

31. 仕五退六　马3进5　　　　**32.** 马五退三　炮5平1

33. 炮七平九　车3进6

至此，红方认负。如接走炮九进一，则马5进3，仕四进五，马3进1，黑方多子胜定。

第96局　回马救驾解危局

由中国象棋协会、广西银荔集团主办的2003年"千年银荔杯"全国象棋甲级联赛，于8月20日在北京延庆拉开战幕。如图96形势，此局是由两位特级大师以仙人指路对卒底炮弈成的中局。目前局面黑方少象残士，红方少子受攻，看红如何解围，实战如下：

1. 马三退五！……

红倒马窝心，既捉炮又救驾，乃红方早预定战术，精巧佳着。黑平炮弃还一子，无奈之举。如改走前炮退1逃逸，则炮五平二，下伏炮二退一打死车及炮三平一叫杀的手段，黑难应付。

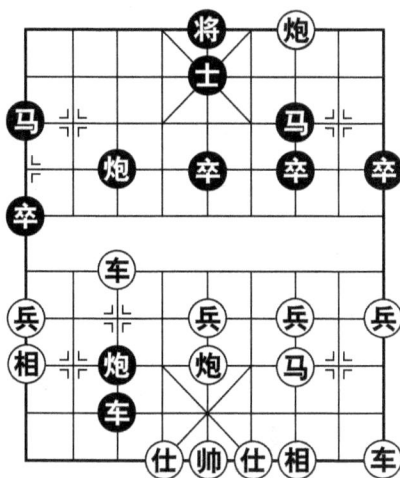

图96

1. ……　　　　后炮平2

2. 车七进五　　士5退4

3. 车七退七　　炮2进6

4. 相九退七　　车3平4

5. 马五进三　　车4进1

6. 帅五进一　　马1进2

7. 车七进三　　马2进1

8. 兵三进一　　马7退5

黑回马捉炮试图进马助攻，但也授对方以底炮回援之机。似不如改走炮2平1较佳。

9. 炮三平二　　马5进4

10. 马三进四　　马4进3　　11. 炮二退七　　车4平6

12. 马四进五　　马3进5　　13. 相七进九　　车6退2

14. 车七退二　　车6平8　　15. 车七平五　　马1进3

16. 炮五平六　　……

红弃炮蹩马，露帅伏杀，红方胜局已定。

16. ……　　　　车8平4　　17. 马五进三　　士4进5

18. 车五进五　　将5平4　　19. 车五进一　　将4进1

20. 马三退五　　将4进1　　21. 马五进四　　将4退1

22. 车五平六

红胜。

第97局　马回窝心巧谋子

由广东省体育局、广东省棋类协会主办的"银誉杯"省港澳埠际象棋赛，于2003年9月6~7日在广东省惠东县城体育中心吕钦象棋馆举行。其间有一盘回马枪的棋很值得回味。如图97形势，是双方采用飞相局对左中炮，经过16回合战斗后弈成的局型。从局势分析，红马很快从中扑出兑子，把局势扳平。黑方就恰恰利用了红方的心理，将计就计设下圈套，结果谋子得胜。实战如下：

1. ……　　　　马7退5

黑方此时如车 2 平 5，兵三进一，红方留下一个过河兵占优。这步回马枪是黑方设好的圈套，使红方上当不浅。

2. 车七平六　马 5 退 3

紧接着又是一枪，既追车又解红炮将军，红方眼睁睁丢马。

3. 车六退二　车 2 平 5

4. 兵三平四　炮 5 进 3

5. 相七进五　车 5 进 1

既吃双炮又瞄闷宫，可赚得一子，红方投子认负。

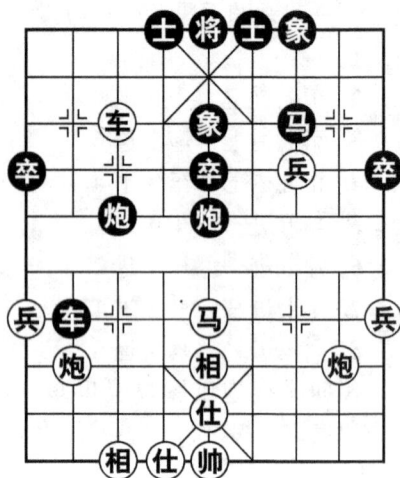

图 97

第 98 局　以退为进巧回马

由广东省体育局、广东省棋类协会主办的"银誉杯"省港澳埠际象棋赛，广东队参赛运动员为许银川、庄玉庭、黄海林、陈富杰，他们表现突出，勇夺冠军。如图 98 形势，这是许银川对香港棋友的一局棋。双方以顺炮两头蛇对直横车开局，战到 17 回合时，轮红方走子，实战如下：

1. 马二退三　车 4 平 6

红方不进车保马，而巧妙退马，目的是要让这匹战马今后发挥更大的威力。

2. 车四进三　车 8 平 6

3. 兵五进一　车 6 平 4

4. 马三进五　车 4 进 2

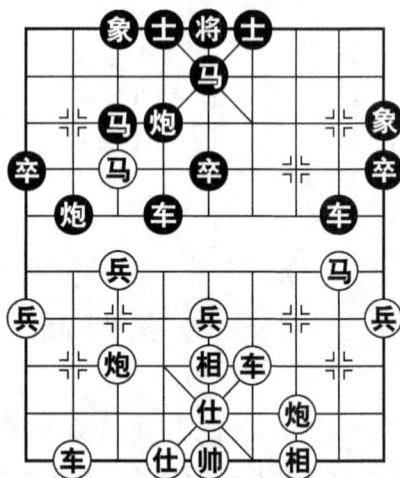

图 98

5. 马五进三　炮 2 平 7

这匹红马终于跃到了较好的位置，为下一步的总攻做好了准备。

6. 炮三进四　象 9 进 7

7. 车八进五　象 3 进 5

8. 兵五进一　卒 5 进 1

9. 马三进五　车 4 退 3

红马开始发威了，这下使黑方防不胜防。

10. 马五进六　车4退1　　　　11. 马七退五

最后一步回马妙极了，既踩车又挂角，红方得车胜。

第99局　退马腾挪破坚冰

由国家体育总局棋类运动管理中心主办的2003年"怡莲寝具杯"全国象棋锦标赛，于10月29日至11月8日在江城武汉举行。如图99形势，这是男子前六名争夺战中的一盘棋。双方以中炮对单提马横车布局开战，弈至第47回合时进入了残局的阶段。黑方虽多一子，但亏双象，防守中有一定难度。红方虽少一子，但有双兵渡河，且仕相齐全，防守可以说是固若金汤。面对这样的局面，黑方怎样才能打破坚冰，请看实战着法：

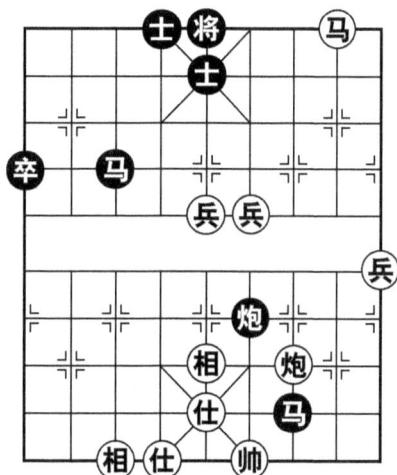

1. ……　　　　马7退9

此步退马具有腾挪、控制、重新调位的作用。

2. 马二退一　马9退8

此时又退马，一是控制红马回防，二是驱赶红炮离开最佳防守位置。

3. 炮三退一　马3进2　　　4. 相五进七　炮6退1

5. 炮三进三　马2进3　　　6. 帅四平五　马8进9

7. 兵一进一　马3退5

此步退马与左面马炮联合起来，形成组合拳，便于集中进攻。

8. 相七退五　炮6平5　　　9. 炮三进二　马9进7

10. 帅五平四　马7退8

此步退马，一是腾出中马将军位置，二是乘机捉兵，让对方疲于应付。

11. 兵一平二　马5进7　　　12. 帅四进一　马7进8

13. 帅四退一　炮5平9　　　14. 马一进三　将5平6

15. 相五退三　……

如改走炮三退三，则炮9进4，相五退三，后马进7，相七进五，马8退

7，帅四进一，炮9退1，帅四进一，后马退9，下伏马9进8及马9退8的双重攻杀手段，也是黑胜。

15. ……　　　前马退7　　　　**16. 帅四进一　马7退9**

这步退马是高难度动作，目的是要与边炮紧密配合，从侧面攻击。

17. 炮三退四　马9进8　　　　**18. 炮三平一　炮9平6**

控制、腾挪和组合进攻的作用开始发挥。

19. 仕五退四　后马进6　　　　**20. 帅四平五　马6退4**

关键时刻回马一枪，坚冰开始融化，非吃红炮不可。

21. 炮一平六　炮6平4

平炮打死红炮，黑胜。

第100局　　金枪回马杀中卒

如图100形势，是湖北省棋类协会承办的2003年"怡莲寝具杯"全国象棋锦标赛上，两位前六名的棋手之间的一局棋。双方以中炮对半途列炮开局，弈至第13回合时，红方突施妙手，迅速取得胜利。实战如下：

1. 马七退六　……

在看似平淡的局面下，红方找准机会，迅速回马向黑中路发起总攻，非常及时！

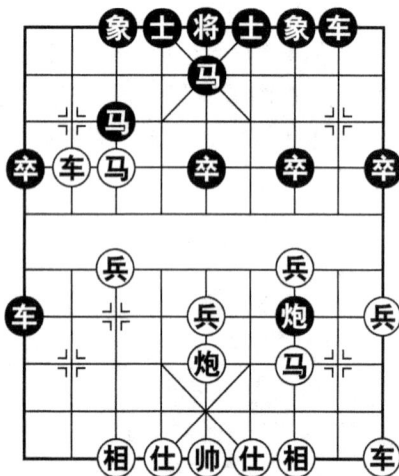

图100

1. ……　　　车1平4

2. 马六进五　马3进4

3. 马五退七　……

以上红方连续运马，单骑驰骋中原，如入无人之境，精彩异常！红再回马叫杀，令黑方疲于奔命，穷于应付。胜势已定。

3. ……　　　马4退6　　　　**4. 车八平四　象7进5**

5. 车四退一　象5进3　　　　**6. 兵七进一　象3进5**

7. 仕四进五　马5退3

如改走象5进3飞兵，则车四退二，炮7平8，车一平二，红也胜势。

8. 车四退二　车8进6　　　　**9. 车一平二　车8进3**

10. 马三退二　炮7进2　　　　**11.** 相三进一　……

红方飞相护兵，准备围剿黑炮，借势拍马出击。黑方大势去矣。

11. ……　　马3进2　　　　**12.** 马二进三　炮7平8

13. 兵七进一　马2进1　　　　**14.** 兵七进一　士4进5

15. 炮五进五　将5平4　　　　**16.** 炮五平二

至此，黑方认输。如接走车4退2，则炮二进二，将4进1，车四进三，红方胜定。

第101局　回马河口占佳位

如图101形势，这是在"怡莲寝具杯"全国象棋锦标赛上，争夺前三名的一局棋。双方以中炮直横车对屏风马两头蛇布阵，弈至第32回合时的情形。红方利用兵种齐全和有中兵的微弱优势，及时回马抢占好位，在进攻中夺子得胜。实战如下：

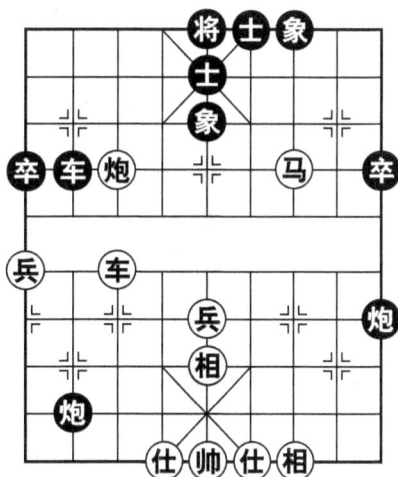

图101

1. 马三退四　……

红方及时回马河口，占据较好位置。既可让下步中炮生根，又可使黑炮骚扰受阻。

1. ……　　炮9退2

2. 炮七平五　……

红如改走马四进六，则炮2进1（如改走象5进3，则马六进四，黑有麻烦），相五退七，炮9平5，仕四进五，象5进3，红方反而不利。

2. ……　　将5平4　　　　**3.** 车七平六　将4平5

4. 相五退七　炮9平6　　　　**5.** 炮五退一　炮2平7

6. 马四退三　炮7平8　　　　**7.** 车六平七　将5平4

8. 车七平六　将4平5　　　　**9.** 车六平七　将5平4

10. 车七平六　将4平5　　　　**11.** 马三进二　炮6退2

12. 仕六进五　车2平5　　　　**13.** 马二退四　炮8退2

14. 兵五进一　炮6进3　　　　**15.** 车六退二　炮6平1

16. 车六平八　炮1平3

平炮漏着，造成速败。此时应改走车 5 平 4，车八进七（如改走马四进三，则炮 8 平 5，炮五退二，象 5 进 7，和势），车 4 退 3，车八退三，红虽占优，但要取胜，尚非易事。

17. 车八进七

黑方认负。因以下炮 3 退 5，马四进六，黑方必丢一子，败定。

第102局　于无声处听惊雷

由霍英东先生赞助，中国象棋协会、《羊城晚报》报业集团联合主办的第 24 届"五羊杯"全国象棋冠军邀请赛于 2003 年 12 月 30 日至 2004 年 1 月 5 日在广州举行。如图 102 形势，由两位特级大师以中炮进三兵对三步虎走成的一盘精彩局面。此时双方子力基本相等，红方有一过河兵，但黑方兵种齐全，可以与之相抗衡。在这看似风平浪静的情况下，红方凭着深厚的运子功底，连续回马掀起波涛，谋得大子而获胜。实战如下：

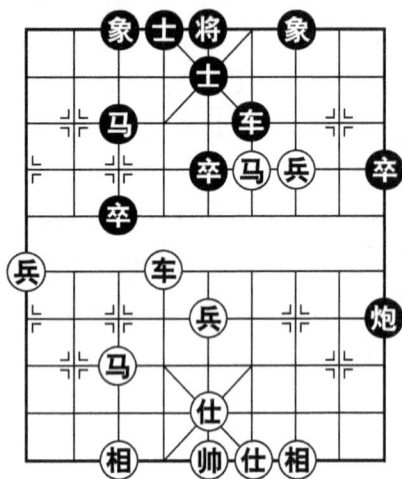

图 102

1. ……　　　　卒 3 进 1

此时黑方送卒似嫌过早，应等待时机方能谋和。

2. 车六平七　……

红方毫不犹豫吃掉过河卒，不怕黑方上马兑子，因还有回马枪等候呢！

2. ……　　　　马 3 进 4　　　**3. 马四退三　……**

回马踩炮避免兑子，这是红方早已考虑好的回马枪。

3. ……　　　　炮 9 平 7　　　**4. 马三进二　马 4 进 6**

5. 相七进五　象 7 进 5

联象正着。如误走马 6 退 7 吃兵，则车七平三捉双，黑将丢子。

6. 车七平五　炮 7 平 8　　　**7. 兵三进一　车 6 进 1**

8. 马二退三　车 6 进 1

黑方放弃中卒，欲谋取红方三路兵。如改走车 6 退 3，则马七进六，黑中卒依然难保，形势更为不妙。

9. 车五进二　车6平7　　　10. 车五平二　炮8平7

11. 仕五进六　……

红撑仕弃兵，可以稳操局面的主动权。如改走兵三平二，则马6进5，相三进五，车7进1，红方丢相，亦有顾忌。

11. ……　　　车7退2　　　12. 车二退三　炮7进2

13. 兵五进一　炮7平6　　　14. 车二平五　车7进2

15. 兵五进一　卒9进1　　　16. 马七进六　卒9进1

17. 马三退二　……

红方退马踩双，黑方乱了手脚。

17. ……　　　马6进7　　　18. 车五平四　炮6平4

黑平肋炮打马，失着。应改走炮6平2，尚可支撑。

19. 马六进四　卒9平8　　　20. 车四退二　卒8进1

21. 马二退一　马7退8

退马弃子谋和，迫不得已。如改走车7平9，车四平六，车9进5，车六平三，下步伏马四进二组杀，红方胜势。

22. 车四平六　马8退6　　　23. 兵五平四　车7平6

红方终于擒得对方一大子。

24. 马一进三　卒8平7　　　25. 马三进一　卒7平8

26. 车六平九　车6进1　　　27. 马一退三　卒8平7

28. 相五退七　车6平5　　　29. 马三进五　卒7平6

30. 仕六退五　卒6平5　　　31. 马五进三　车5平7

32. 马三退四　卒5平6　　　33. 马四进二　车7平6

34. 车九进二　卒6平7

黑方平卒，无可厚非。但如改走车6平8捉马（如红马吃卒，则进车牵住，成为和局），更为顽强。

35. 相七进五　卒7平8　　　36. 马二进四　卒8平7

37. 马四退六　……

红马终于退回到最佳位置，可以想办法顺利出击了。

37. ……　　　车6进1　　　38. 车九退二　车6平4

39. 兵九进一　卒7平6　　　40. 车九进三　车6平5

41. 车九平五

至此红马盘活，升车占据宽阔位置可攻可守，形成车马兵必胜车卒士象全的残局。

第103局　回马金枪攻守兼

　　由中国象棋协会主办的第3届全国象棋特级大师赛，于2004年4月3日至6日在安徽省安庆市皖源国际大酒店举行。如图103形势，这是其中一盘精彩对局，双方以过宫炮对中炮开局，战至第33回合，双方大子都剩车马炮，红方只多一个中兵，看红方如何运马入局。实战如下：

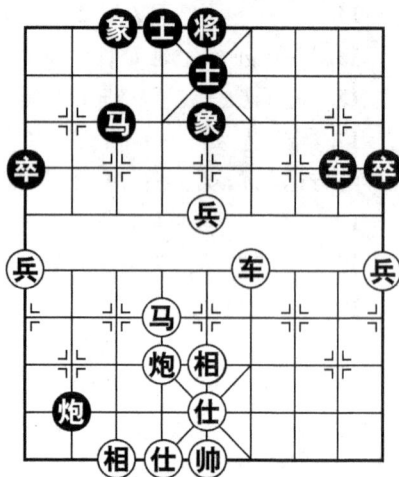

图103

　　1. 马六退四　……

　　回马腾挪，攻守兼备之着。否则黑有车8进6，仕五退四，炮2平9的袭扰手段。

1. ……	炮2退7		
2. 车四平八	炮2平1	**3. 马四进三**	车8平3
4. 炮六进一	士5退6	**5. 炮六平一**	炮1平7
6. 兵五平四	士4进5	**7. 马三进四**	……

　　红方首着退马，也包含着这时候大踏步的前进。红进马踩炮叫杀，借机谋得边卒，形成净多两兵的优势局面，为取胜创造了物质条件，黑方已呈败势。

7. ……	士5进6	**8. 炮一进三**	车3进3
9. 炮一进三	炮7退1	**10. 兵一进一**	马3进5
11. 兵四平五	马5进3	**12. 车八平七**	……

　　兑车简明，算定可稳胜。不给黑方纠缠的机会。

12. ……	车3退1	**13. 相五进七**	将5进1
14. 兵一平二	炮7进6	**15. 兵二平三**	马3进1
16. 兵三进一	马1进2	**17. 相七退五**	马2退4
18. 兵五平六	马4退6	**19. 兵三进一**	炮7平6
20. 马四退五	……		

　　退马好棋，既蹩马保兵，又可将军，一举两得。

20. ……	象3进1	**21. 兵六进一**	将5平4
22. 炮一退一	将4退1		

退将漏着，导致失子。但如逃离马炮，则兵三平四白得黑士，红也胜定。

23. 炮一平四

平炮打双，黑方丢子认负。

第104局　回马踩车又伏杀

如图104形势，这是在全国象棋特级大师赛上的一盘精彩中局，双方以过宫炮对进马开局，战至第23回合，双方都剩车双马双炮，红方虽然只多一个兵，局势看似差不多，但红方利用马的有利位置精心运作，最后回马一枪取得了胜利。实战如下：

1. 马七进八　……

如图形势，红进马卧槽，吸引黑方回象、回炮防守，为以后回马打好基础。黑如接走炮4平2，则马五进三伏有弃子连环杀手，黑方也难解救。

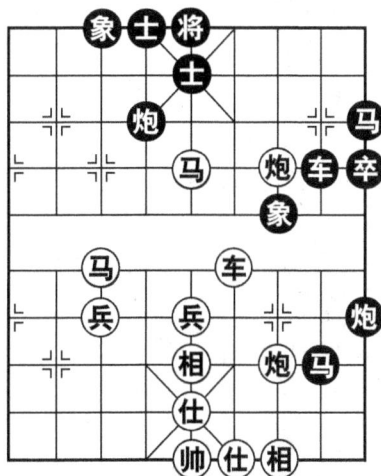

图104

1. ……　　象7退5	
2. 马八进七　炮4退1	**3. 车四平六**　车8平7
4. 车六进四　将5平6	**5. 车六退四**　将6进1

上将无奈。如改走车7平6，则炮三平四，士5进6，车六平二，红亦胜定。

6. 马五退四

回马踩车，黑即认负。因以下红有炮三平四的攻杀手段，黑难化解。

第105局　打将回马多谋卒

在中国象棋协会主办的全国象棋特级大师赛上，有一盘残局功夫很深的棋值得回味。如图105形势，双方以仙人指路对卒底炮开局，战至第34回合，双方都进入了无车的残局。目前红只多一个中兵，看红方如何谋胜。实战如下：

1. 马七退六 ……

红退马蹩黑方的马脚，不让顺利地跳中保7卒。这是一个重要的战略选择，最后的目的在于谋取黑方的7卒。

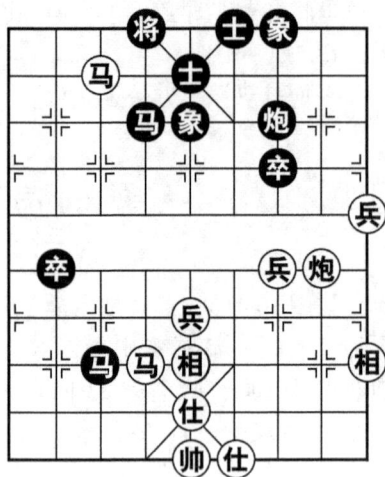
图105

1. …… 马4进2
2. 兵一平二 炮7平9
3. 相一退三 炮9进4
4. 炮二退二 马2进4
5. 前马退四 马3进1
6. 炮二平三 卒2进1
7. 炮三退一 ……

退炮轰马，细腻至极。如径走马六进七，卒2平3，以下黑有马1退2的攻击手段，红欲取势，难度增大。

7. …… 马1退3　　8. 马六进七 炮9退1
9. 仕五进六 将4平5　　10. 马七进六 士5进4
11. 马六进四 将5进1　　12. 仕四进五 卒2平3
13. 前马退五 将5平4　　14. 炮三进五 士4退5

以上红方极尽骚扰攻击之能事，使黑方主将不安于位。现得机炮打7卒，形成红双马炮三兵仕相全对黑双马炮单卒士象全的胜势局面，弈来老练至极。

15. 相三进一 马3进1　　16. 炮三平一 马1退2
17. 兵二平一

平兵不惜弃相兑死黑炮，减少变化，胜法简明。后来红方多兵获胜，余着从略。

第106局　回马打马又窥卒

如图106形势，在一次全国象棋特级大师赛上，两位特级大师以中炮对后补列炮走成的一个残局盘面。从盘面分析，双方仕相齐全，红方只多一个兵；黑方有马炮卒，对红方有一定的进攻能力，只要在攻守中兑掉一个子，守和的可能性较大。而在这时红方突施妙手，回马金枪拿下黑卒，最后赢得了胜利。实战如下：

1. 马六退四! ……

红方此步回马极妙！既打马又踩卒，同时还避免了黑方炮 6 平 5 蹩马的难堪局面。

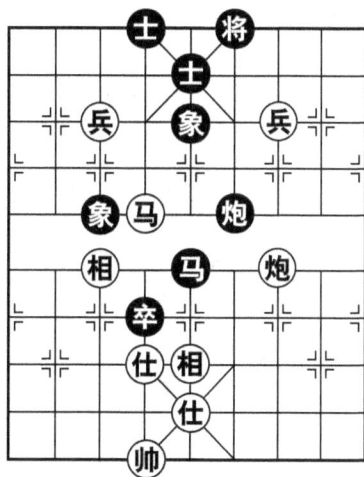

图 106

1. ……	马 5 退 6
2. 马四退六	炮 6 平 4
3. 炮三进二	炮 4 退 3
4. 帅六平五	马 6 进 4
5. 炮三平六	象 3 退 1
6. 马六进五	象 1 退 3
7. 兵七进一	炮 4 进 1
8. 兵三进一	炮 4 平 1
9. 马五进三	炮 1 进 1
10. 兵三平四	将 6 平 5

11. 马三进二	马 4 进 6	12. 兵七平六	马 6 退 7
13. 马二退三	炮 1 平 7	14. 炮六平五	……

兑马后红炮镇中，形成双鬼拍门之势，红方胜局已定。

14. ……	炮 7 平 6	15. 相五进三	象 3 进 1
16. 仕五进四	象 1 进 3	17. 帅五平六	炮 6 进 1
18. 仕六退五	炮 6 平 4	19. 帅六进一	炮 4 进 2
20. 仕五退四	炮 4 退 2	21. 兵六进一	将 5 平 4
22. 兵四平五			

至此，黑方认负。因以下红可走炮五退六再炮五平六，捉死黑炮胜定。

第107局　以退为进大道宽

如图 107 形势，这是在一次全国象棋大赛上，两位大师以仙人指路对金钩炮走成的一个中局盘面。从盘面分析，双方都还有三个大子。黑方子力活跃，红方虽然兵种齐全多一兵，但马在边线，一时难以发挥作用。红方经过认真分析，找到了突破口。实战如下：

1. 马一退三　……

退边马腾挪，内线运子，颇见功力。这步回马枪直逼中卒和边卒，真正找到了突破口。

1. ……	马 7 进 8	2. 炮三平二	马 5 退 7

3. 兵三进一　马7进6

4. 炮二退二　车2平5

5. 炮二平四　士6进5

6. 仕六进五　马6退7

黑如改走卒5进1，则兵五进一，车5进2，车七平四，也是红方主动易走。

7. 马三进四　马8进9

8. 兵三进一　象7进9

黑可考虑改走象5进7去兵，马四进三，车5平7，马三退四，马9退7，要优于实战走法。

9. 兵三进一　车5平7

10. 马四进五　车7平5

图 107

11. 马五进七　象5退3　　　12. 兵五进一　马9退8

冲兵佳着！逼退黑马，乘机渡河助战，红方由此步入佳境。

13. 兵五进一　车5平4　　　14. 马七退八　象3进5

15. 相五退七　……

红方退相，准备调炮至左翼袭击黑阵，着法灵活犀利。运子取势的战法值得借鉴。

15. ……　　　马8进6　　　16. 炮四平八　象9退7

17. 相七进五　卒9进1　　　18. 车七平四　马7进8

19. 兵五平四　车4进2　　　20. 马八进九　车4进1

以上黑方伸车赶马丢掉边卒，再进车兑车迫于无奈。否则红有兵四平三攻马谋子的手段。

21. 车四平六　马6进4　　　22. 炮八进七　象5退3

23. 马九进七　马8进7　　　24. 兵四进一　马7退5

25. 马七进九　象7进5

补中象逼着。如改走马5退6吃兵，则马九进七，士5退6，马七退六，抽吃黑马，红方多子胜定。

26. 兵四平五　将5平6　　　27. 兵五进一　将6进1

28. 马九进七　……

以上红方攻击紧凑，白吃黑方双象后，胜势已定。

28. ……　　　马5退4　　　29. 炮八退一　将6退1

30. 炮八退八　后马进2　　　31. 兵九进一　马2进3

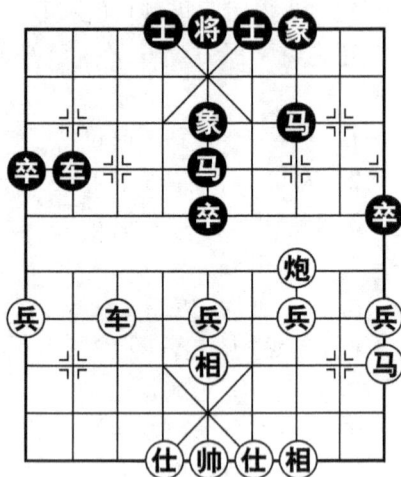

32. 炮八进九　将 6 进 1

黑方上将别无选择。如误走马 3 退 1 吃兵，则马七退六，将 6 进 1，兵五平四，将 6 进 1，炮八退二，红胜。

33. 炮八退一　将 6 退 1　　　　**34.** 兵九进一　卒 9 平 8

35. 马七退八　马 4 退 5　　　　**36.** 马八进六

至此，黑见难挽颓势，遂停钟认负。

第108局　回马踩车大转移

如图 108 形势，在中国棋类运动管理中心主办、重庆市体育局承办的 2004 年"大江摩托杯"全国象棋锦标赛上，两位特级大师争夺前三名的一场战斗。双方以仙人指路对卒底炮战至第 27 回合时，黑方经过认真分析局势，在河口马上做起了文章。实战如下：

1. ……　　　　马 8 退 6

黑方回马蹬车，准备从右翼出击，这是一个重大的战略转移。

2. 车五平六　卒 7 进 1

3. 相三进一　车 3 进 3

4. 后车进二　车 3 平 4

5. 仕五进六　马 6 退 4

按既定方针实施，再一次退马。

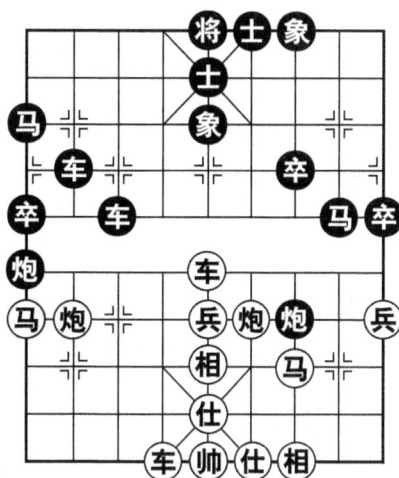

图 108

6. 仕四进五　马 4 进 3　　　　**7.** 炮八平七　……

平炮无奈。如改走车六平七顶马，则马 1 进 3，再马 3 进 5 捉车，红方难以抵挡。

7. ……　　　　车 2 进 6　　　　**8.** 炮七退三　马 3 进 2

9. 车六平二　马 2 进 3

进马叫将破相，是一种先得实利的下法。另一种攻法是走马 1 进 2，炮四平八，车 2 退 3，车二退一，卒 7 进 1，相五进三，车 2 进 3，红必失子，也是败局。

10. 帅五平四　马 3 退 5　　　　**11.** 炮七平五　马 5 进 7

黑马实现了战略性的重大转移！从右面又转回到左面来了。

12. 炮五平六　马1进2　　　**13.** 马九退七　车2平3

14. 马七退九　车3平1　　　**15.** 车二平七　……

红不甘苦守，索性平车弃子强攻，做最后一搏。如改走马九进八顽强抵御，虽处败势，但战线漫长，尚可纠缠。

15. ……　　　　车1退1　　　**16.** 炮四进二　士5进4

扬士乃防守要着。如误走车1退2，炮四平五，车1平3，车七平四，绝杀红胜。

17. 炮四平五　将5平4　　　**18.** 车七平八　马2退3

19. 车八平六　士6进5　　　**20.** 炮五进三　将4平5

21. 炮五平二　车1平3　　　**22.** 炮二进一　象7进9

23. 车六进三　将5进1　　　**24.** 车六进一　将5退1

25. 车六平四　炮1进4　　　**26.** 帅四进一　炮7平8

27. 马三进二　车3退3　　　**28.** 兵五进一　炮1退1

29. 帅四退一　炮8退6　　　**30.** 车四进一　将5进1

31. 马二进四　炮1进1　　　**32.** 炮六进一　车3进4

33. 仕五退六　车3平4　　　**34.** 帅四进一　车4退1

35. 仕六退五　车4平5　　　**36.** 帅四进一　车5退1

37. 帅四退一　炮8进8

黑胜。

第109局　退马回中扩先手

如图109形势，这是在2004年中国象棋协会主办的全国冠军混双赛上出现的一盘中局。双方争夺的战场在中路，而且都有兵卒渡河，一场对攻避免不了。红方认真分析局面后，还是在过河马上做起了文章。实战如下：

1. 马三退五　……

此时退马一是化解黑方中路攻势，二是可以奔卧槽发起进攻。

1. ……　　　　卒7平6　　　**2.** 马五进四　马5退7

3. 马四进三　将5平4　　　**4.** 马三退五　……

换掉黑方恶炮，消除中路威胁。

4. ……　　　　象7进5　　　**5.** 炮五平六　车4平8

6. 马二进三　车8平7　　　**7.** 相三进五　马7退9

8. 兵一进一　马9退7

9. 马三进五　马7进8

10. 马五进六　将4平5

11. 马六退四　……

将军吃卒，消除后患。

11. ……　　　象5进3

12. 仕五进四　象3退5

13. 兵九进一　车7退2

14. 仕六进五　卒1进1

15. 兵九进一　车7平1

16. 相五进三　车1平6

17. 马四退六　车6平7

18. 马六进五　马1进2

19. 炮六进三　车7退2

21. 车五平八　车7平8

黑方弃马，计算有误。

22. 车八退一　……

坚决吃马，有惊无险。

22. ……　　　车8进7

24. 帅五进一　马7退6

黑不敢车6退2吃仕，红有炮六退三打双的棋。

25. 炮六退三　车6平4

26. 马五退七　……

此步把马回到最佳的位置，既防住了黑方车马冷着的进攻，又可以随时投入战斗。此时红方多子占势，胜利在望。

26. ……　　　马6进4

28. 马七进六　车1退1

30. 仕四退五　车3退4

32. 马六退五　车3退1

34. 炮六退二　车1进2

36. 车二平五　马5退6

38. 炮六平七　象3进5

黑方经过长期奋战，但始终寡不敌众，最终停钟认负。

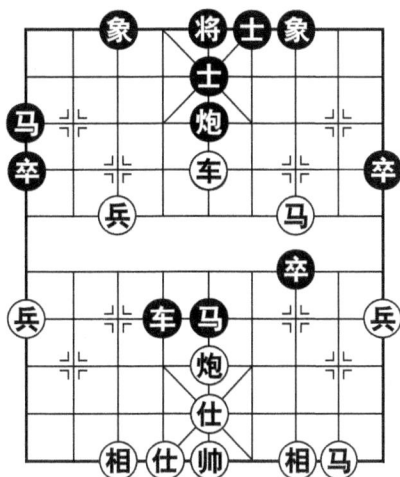

图 109

20. 相七进五　马8进7

23. 仕五退四　车8平6

27. 车八进一　车4平1

29. 帅五退一　车1平3

31. 车八退三　马4退5

33. 车八平二　车3平1

35. 马五退六　车1退2

37. 马六进七　象5进3

第110局　回马弃炮计谋深

如图110形势，这是2005年"奇声电子杯"全国象棋赛上的一盘中局。现红车拴着黑炮，红马吃着黑马，黑方情况万分危急。面对严峻形势，黑方高水平地回马弃子，最后找回失子获胜。实战如下：

1. ……　　　马6退5

2. 车二进一　车2进4

3. 兵五进一　……

此着红如改走后马进四，则车2平4，兵五进一，车4平2，黑优。

3. ……　　　马5进7

4. 车二平三　马7进9

5. 车三平一　马9退8　　　**6.** 车一平二　……

平车捉马失着。此时应改走车一进四，车2平4，车一平五，红方形势不错。

6. ……　　　车2平4　　　**7.** 马六退七　车4平2

8. 车二进一　……

进车空着。应改走仕六进五较好。

8. ……　　　马1退3　　　**9.** 车二平六　马3进4

10. 车六进三　马8进7　　　**11.** 车六平七　卒5进1

12. 兵五进一　马4进5　　　**13.** 兵七进一　象5进3

以象去兵，争胜之着。如改走马5退3，兵七平八，马3进2，马七进八，和棋。

14. 车七平六　象3退1　　　**15.** 仕六进五　卒9进1

16. 车六退四　马5退6　　　**17.** 炮八平七　……

平炮欠妥。宜走相七进九，再炮八退四构成稳固的防守阵型，红方较能抗衡。

17. ……　　　车2平3　　　**18.** 相七进九　马6进5

19. 车六平三　马7退5　　　**20.** 车三平五　前马进3

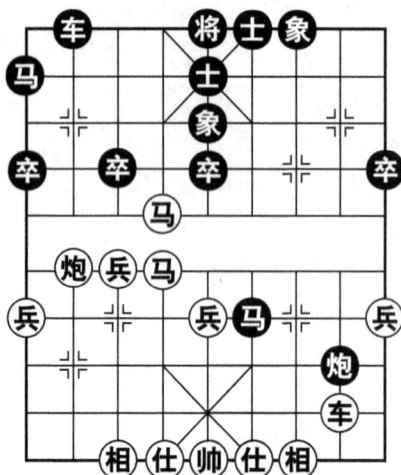
图110

21. 车五进一　马3进1

至此，红方丢相失子不敌，推枰认负。

第111局　怪着退马出妙棋

如图111形势，这是2005年全国象棋超级排位赛上的一局棋。双方以中炮过河车对屏风马平炮兑车开局，现在的局面双方虽然比较平稳，但黑方凭借深邃的洞察力，终于找到了进攻的突破口。实战如下：

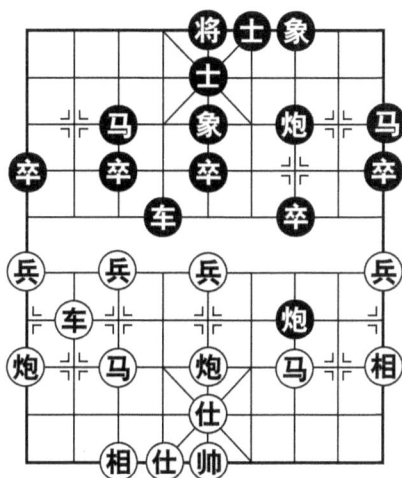

图111

1. ……　　　　　马9退7

一步怪招退马，顿见柳暗花明。

2. 车八平七　后炮进1

3. 车七平八　后炮退1

4. 车八平七　马7退9

5. 马三退四　前炮进2

6. 马七进五　车4进1

7. 马四进三　卒7进1

8. 相一进三　马9进8

9. 车七平八　马8进7

前面退马的作用，现在开始显现出来了。

10. 车八进四　马3退4　　　**11.** 车八进二　车4退4

12. 炮九进四　车4平2

黑方第10回合连续退马退车，现在硬兑车，消除红方的攻势。

13. 车八退一　马4进2　　　**14.** 炮九退一　马2进4

15. 马三进四　后炮平9　　　**16.** 炮五平三　炮9进3

17. 炮三进三　象5进7　　　**18.** 马四进五　炮9平5

19. 相三退五　象7进5　　　**20.** 马五退六　卒3进1

21. 炮九进一　炮7平8　　　**22.** 炮九平六　炮8退3

23. 马六进五　卒3进1　　　**24.** 相五进七　炮8平3

战斗到此，黑方生擒红方一相，开始步入残局佳境。

25. 帅五平四　炮3退2　　　**26.** 马五退六　炮3退3

27. 兵九进一　炮3平4　　　**28.** 马六进八　炮4进3

兑掉红炮以后，红方兵种不全，防守更为困难了。

29. 马八进六	炮5平8	30. 兵九平八	炮8退1
31. 马五进七	象5退7	32. 仕五进四	马4进6
33. 帅四平五	将5平4	34. 仕六进五	象7进5
35. 兵八进一	马6进4	36. 兵八平七	卒9进1
37. 帅五平六	马4进6	38. 仕五进六	炮8进5
39. 相七进九	马6进4	40. 仕四退五	马4退2
41. 马七进五	马2进1		

又吃一相，胜利在望了。

42. 马六退五	炮8退3	43. 前马退七	马1进3
44. 马五退四	炮8退1	45. 马七退五	炮8平4
46. 马四退六	……		

红方只能委屈回防了。

46. ……	炮4进1	47. 帅六平五	卒9进1
48. 帅五平四	卒9平8	49. 仕五退六	士5进6
50. 兵七平六	将4平5	51. 仕六退五	炮4平1
52. 马五进七	炮1进3	53. 帅四进一	炮1退8
54. 马七退五	炮1平6	55. 仕五进四	卒8进1
56. 马六进五	卒8平7	57. 后马进三	将5平4
58. 兵六平七	马3退2	59. 兵七平六	马2进4
60. 帅四平五	马4退5	61. 马五进四	马5退4

红方双相被破，现丢兵后无法守和，推枰认负。

第112局　曲线退马抢佳位

如图112形势，这是全国象棋超级排位赛上弈出的一盘中局。双方以五七炮对屏风马争斗28个回合，现在的局面红方多兵，但兵种不齐，红马又在黑炮射程之中。如何运马是红方考虑的难题。实战如下：

1. 马三退一　……

红不走马三进四而走马三退一，出人意料。这是一步有深远意义的运子战术。

1. ……	象7退5	2. 马一进二	士5进6
3. 马二退四	士6进5	4. 马九进八	车8平7

5. 马八退七　马3退1
6. 兵五进一　炮7进1
7. 车五平八　马1进3
8. 车八进三　马3进4
9. 车八平九　马4进3
10. 兵五平四　象5退3
11. 车九平八　车7进2
12. 车八退三　象7进5
13. 马七退八　炮7平9
14. 马八进六　马3退5
15. 车八平三　马5进7
16. 马四进三　……

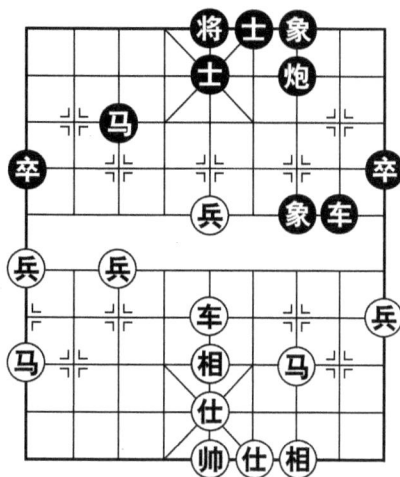

图112

通过精心经营，把马运到了一个很
好的位置，而且还保住了一路兵。这与第一步退马的战略密切相关，可见高等
级棋手的水平所在。

16. ……　　　卒9进1
17. 马六进五　炮9退2
18. 马五进四　马7退5
19. 马四进二　将5平4
20. 兵九进一　马5退7
21. 兵九平八　将4进1
22. 兵八进一　马7进5
23. 兵四进一　士5进6
24. 马二进四　炮9进3
25. 马四退五　马5退7
26. 兵八平七　卒9进1
27. 兵一进一　马7进9
28. 前兵平六　马9退7
29. 兵七进一　……

红方又过一兵，胜局已定。

29. ……　　　将4平5
30. 兵七进一　将5退1
31. 马五进三　马7进5
32. 后马进五　……

此马的威力又一次发挥出来，黑方输棋只是时间问题了。

32. ……　　　炮9退2
33. 兵六进一　将5进1
34. 马三退四　炮9平6
35. 马四进二　马5退7
36. 马二进三　炮6进1
37. 兵七平六　将5平6
38. 前兵进一

经过红方的一番猛攻催逼，黑方终于败下阵来。

第113局　回马踩车抓战机

如图113形势，是2005年一次全国象棋赛中出现的局面。黑方双马活跃但缺象，红方虽占了点小便宜，但边马受制。实战中黑方利用红方的弱点，火速回马调整进攻目标，取得了胜利。实战如下：

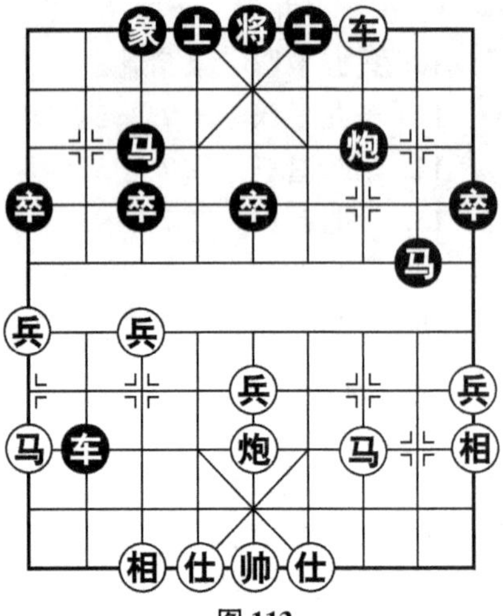

图113

1. ……　　　　　马3退5

黑退窝心马捉车，灵活的运子技巧令人赏心悦目。

2. 车三平二　　马8进7
3. 相一进三　　马5进6
4. 车二退五　　车2平3
5. 马三退五　　车3退2
6. 炮五进四　　马6进7

红方炮击中卒后，虽有空头炮之利，但没有其他子力配合作战，显得孤掌难鸣。尤其窝心马的弱点一时难以消除，局势应属黑方占优。

7. 马五进四　　……

红进肋马系必走之着。此时如误走相七进五捉双，则前马进5，炮五退四，士4进5，马五进三，炮7进5，车二退三，炮7平1，黑方不但追回失子，且掠去红方边马，多子胜定。

7. ……　　　　　车3平6	8. 仕六进五　　马7进9
9. 车二进三　　炮7退1	10. 车二平三　　炮7平8
11. 车三平五　　炮8平5	12. 车五平六　　……

如误走车五平四抽车，黑则炮5进5，红方反而丢车。

12. ……　　　　　炮5平8	13. 帅五平六　　车6进1
14. 车六平五　　士4进5	15. 车五平三　　象3进5
16. 车三退三　　炮8进8	17. 帅六进一　　车6平5

18. 炮五平九　　……

炮打边卒速败。应改走炮五平二，给黑方增加一些取胜的难度。

18. ……　　　　　炮8退1	19. 帅六退一　　车5平4

20. 仕五进六　车 4 进 1　　　　**21.** 帅六平五　车 4 进 1

至此，红方认负。因以下红必走仕四进五，则车 4 平 5，帅五平六（如帅五进一，则马 9 进 7 杀），马 9 进 7，黑方胜定。

第114局　回马踩车施鬼手

如图 114 形势，这是 2005 年全国象棋大赛中，两位特级大师以中炮过河车对屏风马平炮兑车走成的中局。在平稳的局势下，红方突施巧手，使黑方败下阵来。实战如下：

1. 马四退三　……

逃马退河口踩车，是设计好的巧手！

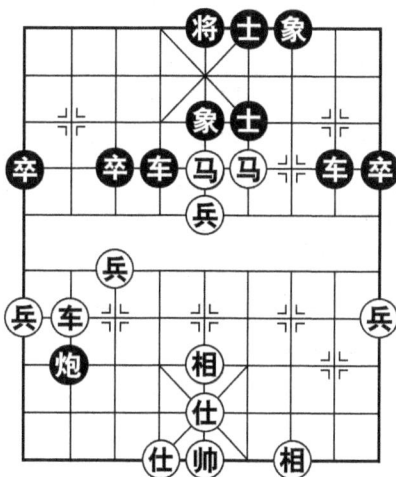

图 114

1. ……　　　　　车 8 退 2

2. 车八退一　车 8 平 4

3. 马三进二　士 6 进 5

4. 兵九进一　后车退 1

5. 车八进一　前车进 3

6. 车八进三　后车进 3

7. 车八进三　……

红方也可改走车八平九，卒 3 进 1，车九进三，后车退 3，车九平六，车 4 退 6，兵七进一，红方多兵也是胜势。

7. ……　　　　　后车退 3　　　　**8.** 车八退四　后车进 3

9. 兵一进一　前车平 5　　　　　**10.** 兵五平六　车 4 平 5

红平兵捉车弃马攻杀，试黑应手，算度精确，巧手！黑方平车吃马欠冷静，败着。此时应改走车 4 退 3，马五进三，车 5 平 7，相五进三，车 7 进 3，仕五退四，车 4 平 3，兵六进一，车 7 退 3，马二进三，将 5 平 4，车八平六，车 3 进 1，红虽占优，但黑也不乏周旋机会。

11. 车八进四　士 5 退 4　　　　**12.** 马二进四　将 5 平 6

13. 车八平六　将 6 进 1　　　　**14.** 马四进二　象 5 进 3

飞象解杀无奈。如改走将 6 平 5，则兵六进一，前车平 4，兵六进一，车 5 平 4，车六退一，将 5 退 1，马二退四，将 5 平 6，车六平五，前车平 8，兵六进一，红胜定。

15. 车六平三　将6平5　　　　**16. 马二退四　象3退1**

黑方如改走将5平6，则马四进六，后车退2，兵六进一，黑方也难挽败局。

17. 兵六进一

至此，黑方见无力抵抗，遂投子认负。

第115局　金枪回马巧得子

如图115形势，在"五羊杯"全国象棋冠军邀请赛上，两位特级大师以中炮直横车对屏风马两头蛇开局，战到第42回合时，因红方疏忽走了一步兵四进一，被黑方抓住战机，回马一枪捉去一子，立刻败下阵来。实战如下：

1. ……　　　马2退3

退马捉马，吃掉红兵，红方大势已去。

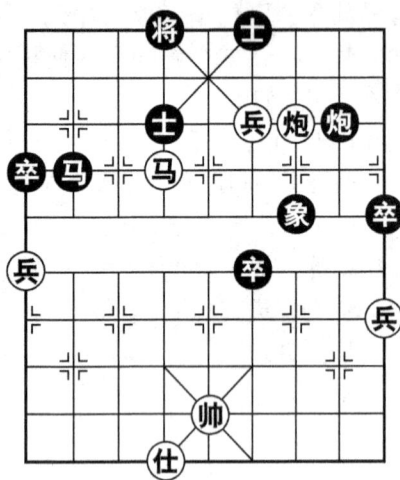

图 115

2. 马六退四　炮8平6

3. 炮三平六　炮6平5

4. 炮六退五　将4平5

5. 马四进五　象7退5

6. 炮六平九　卒6平7　　　**7. 炮九进四　卒7平8**

8. 炮九平五　象5退7　　　**9. 帅五平六　卒8进1**

10. 炮五退六　……

如改走炮五平一，则马3进4，兵九进一，马4进6，红方必丢一路边兵，也是败局。

10. ……　　　卒8平9　　　**11. 仕六进五　士6进5**

12. 仕五进四　象7进5　　　**13. 兵九进一　前卒平8**

14. 兵九平八　卒8平7　　　**15. 仕四退五　卒9进1**

16. 炮五平七　马3进4　　　**17. 兵八进一　马4进3**

18. 兵八平七　马3进2　　　**19. 炮七进二　卒7平6**

至此形成马双卒单士象对炮兵仕的必胜残局，红方认负。

第116局 回马一枪定江山

由中国象棋协会、北京市威凯房地产开发经营公司共同主办的"威凯房地产杯"全国象棋排名赛，于2005年3月22日至3月29日在北京中国棋院举行。如图116形势，这是两位特级大师以五七炮对屏风马走成的中局盘面。表面看来，红方略处下风，但仕相齐全且吃了对方一象，似有求和的机会。黑方认真分析局势后，采取绝着，一步回马枪决定了胜负。实战如下：

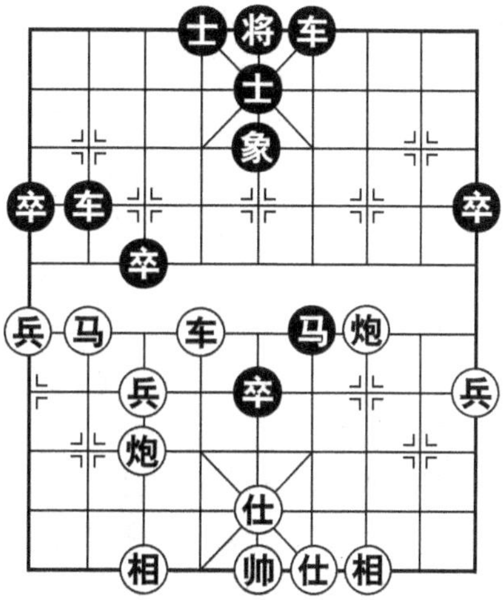

1. ……　　　　马6退5！

退马逼换绝妙！使红方必须选择兑车之路，别无他法。

图116

2. 车六平五　车6进5　　　　3. 车五平四　马5进6

有车欺无车，红方无法抵抗，推枰认负。

第117局 舍炮踏兵有胆识

如图117形势，在一次全国象棋大赛中出现的中局盘面。双方以五七炮对反宫马开局，对弈到此，两方大子俱全短兵相接，换子难以避免了。黑方在换子中采取了大胆的弃子夺势战略，精彩手段值得借鉴。实战如下：

1. ……　　　　马3退5

回马吃兵，这是设计好的战略。

2. 炮五进四　炮6进1　　　　3. 炮五平三　……

逃炮导致门户大开。顽强的着法是改走仕六进五弃去中炮，以下马7进5，相七进五，后马进3，相五进七，炮6平5，帅五平六，车9平6，车二进三，红方虽然子力位置稍差，但不乏周旋余地。

3. ……　　　　马5进6　　　　4. 帅五进一　马6退4

5. 帅五退一　炮6平5　　　　6. 车八退六　马4进6

7. 帅五进一　车9平6

8. 车二进五　……

红方如改走车二进七捉马，则车6进4，车二平三，马6退5，相七进五，将5平6，炮三平四（如帅五平六，则马5进3，马九进七，车6平4，黑胜），车6退1，帅五平六，卒3平4，红方亦难挽颓势。

8. ……　　　车6进5

9. 车二平六　车6平5

10. 相七进五　车5平4

11. 车六平五　车4平7

12. 帅五平六　车7平4

13. 帅六平五　车4退1　　　　**14.** 车五进一　……

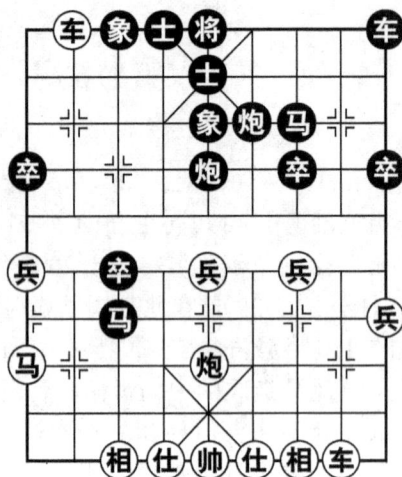

舍车砍炮出于无奈。如改走车五退二，则卒3平4，帅五平四，马6退5，车五平四，车4平7，红方丢炮后也是败势。

14. ……　　　车4平7　　　　**15.** 帅五平六　马7进5

16. 仕六进五　马6退5

黑方退马较为稳健。此外也可改走马6进8，黑方攻势会更为猛烈。

17. 车八平五　后马进3　　　　**18.** 炮三平二　车7平4

19. 仕五进六　卒3平4　　　　**20.** 仕四进五　车4退1

21. 炮二退四　卒4进1　　　　**22.** 车五平二　马3进1

吃去红方边兵后，黑方净多双卒，胜势已定。

23. 车二平四　马1退3　　　　**24.** 帅六退一　卒1进1

25. 帅六平五　卒1进1　　　　**26.** 车四进一　卒1进1

27. 马九退八　卒1平2　　　　**28.** 炮二进二　车4平5

29. 马八进七　卒2平3　　　　**30.** 马七退六　卒4进1

31. 仕五进六　马5进4　　　　**32.** 帅五平四　车5平1

33. 炮二退四　马4退5　　　　**34.** 相五进七　卒3平4

35. 相三进五　车1平8　　　　**36.** 炮二进四　马5退4

37. 炮二平三　车8进6　　　　**38.** 炮三退四　车8退3

39. 兵一进一　卒4进1　　　　**40.** 马六进四　卒4进1

至此，黑方卒临九宫，红将束手待毙，遂投子认负。

图 117

第118局　回马弃兵设陷阱

如图118形势，这是在一次全国老干部象棋比赛中出现的局面。双方时间比较紧张，红方为尽快取得胜利，设了个小陷阱，即回马弃兵。黑方果然在时间较紧的情况下，因谋和心切而中了计。实战如下：

1. 马八退六　马6退7

只看到红马将军没问题，却未考虑对方先出帅控将。

2. 帅五平四　……

红方出帅是原先预谋好的！

2. ……　　　马7进6

3. 马六进四　将5平6

4. 马四退五

红回马一枪吃黑方死马，形成了红方马炮兵必胜单炮的局面。

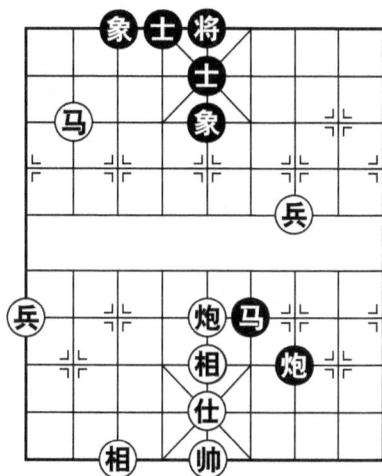

图118

第119局　回马追杀炮助威

如图119形势，这是选自2009年全国象棋甲级联赛上的一局棋。此时黑方抓住战机，连续回马追杀，然后及时运车炮助攻，终于捷足先登。实战如下：

1. ……　　　马6退4

2. 帅五进一　马4退6

3. 帅五平四　……

如改走帅五平六，黑方卒1平2，红方也难应。

3. ……　　　炮2进3

4. 炮五退二　车1进3

5. 马七进八　车1平6

车马炮锁定胜局，黑胜。

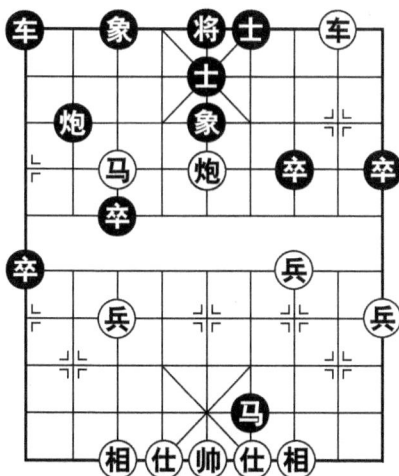

图119

第120局　退马催杀带吃炮

如图 120 形势，本局棋黑方情况十分
危急！必须抓紧进攻，否则红方只要兵入
九宫，黑方就难挽败局了。实战着法如下：

1. ……　　　马 8 退 6

退马催杀带吃炮，红方很难办。红
如接走车八平六，炮 3 平 6，仕五进四，
马 6 进 5，黑方夺车胜。

2. 仕五进四　马 6 进 7
3. 帅四平五　马 4 进 6
4. 车八退二　车 9 退 8

捉死低兵，黑方胜定。红如接走车
八进六，车 9 进 7，帅五退一，马 6 进 4，
黑胜。

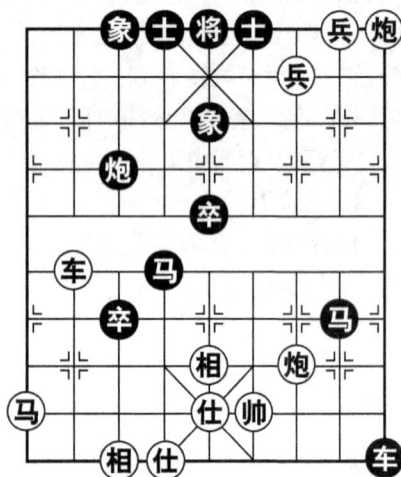

图 120

第121局　回马求稳不贪攻

如图 121 形势，这是选自 2004 年
"交通安全杯"南北特级大师对抗赛中的
一局棋。为求稳健，黑马迅速退回保护
卒子，然后慢慢进攻。实战如下：

1. ……　　　马 4 退 6

如果马 4 进 6 进攻，则相七进五，再
马四退三帮助防守，黑方暂时也拿不
下来。

2. 马七进六　马 6 退 5
3. 马四退三　炮 8 进 2
4. 帅六进一　炮 8 退 4
5. 马三进五　炮 9 退 4
6. 炮四平五　卒 4 平 5

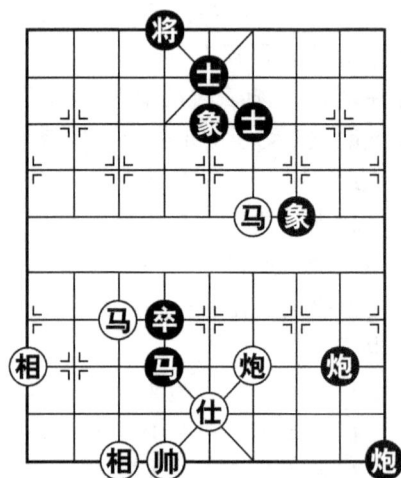

图 121

7. 炮五平六　将4平5　　　　　8. 马五退三　炮8平4

9. 炮六平二　马5进4　　　　　10. 炮二平六　马4退2

黑方胜势。

第122局　金枪回马得子胜

如图122形势，这是选自2009年全国象棋冠军邀请赛中的一局棋。红方利用两匹战马的有利位置，向黑方阵地发起猛攻，最后用精巧的回马枪夺子得胜。实战如下：

1. 车八平二　马8进6

如改走马8进7，车二退三，马5退6，马五进六，将5平6，炮五平四，士5进6，车二平四，车7退5，马八进六，士4进5，前马退八，红优。

2. 车二进二　马6进7

3. 车二进一　士5退6

4. 马五进四　马7退6

5. 车二退六　车7退7

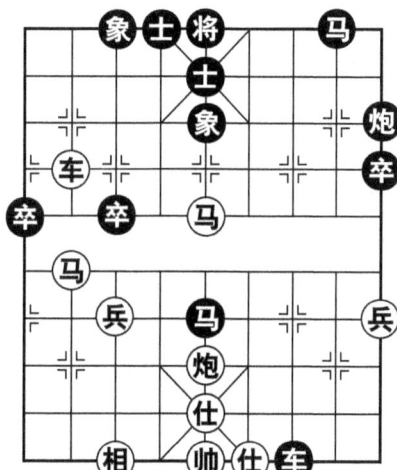

图122

6. 马四退五

这步回马比较精巧，既救了自己的马，又继续吃着对方的马。因为对方的马走不开，如马5进7，则马五进六双将。至此红方得子胜定。

第123局　马踹三步妙其中

如图123形势，这是选自2009年"花木广洋杯"全国大棋圣赛中的一局棋。黑方战马与车炮紧密配合，选准时间灵活进退，几个回合后，连将带抽吃掉红车获胜。实战如下：

1. ……　　　　马4退6

回马解救一步，不然炮六平四杀棋。

2. 相五退三　……

还应再炮六平四，车8退1，帅五进一，将6进1，车五退三，车8退3，相五进三，车8平7，车五进四，将6退1，马四进二双将。但当时可能由于时间紧张，无法细算，因此没有走出来。

  2. ……   炮 9 平 7

回相被黑方抓住机会，回马的作用可以实现了。

  3. 帅五进一 ……

红如仕四进五，炮 7 退 7 抽车。

  3. ……   马 6 进 4

  4. 炮六进一 车 8 退 1

  5. 帅五进一 马 4 退 6

马踹三步，妙在其中。这个马从第一步后退开始，到现在第三步为止，一直产生着巨大的威力。

  6. 帅五平四 炮 7 退 6

  7. 车五退二 ……

如兵六平五，炮 7 平 6，兵五平四，马 6 退 4，黑方抽车胜。

  7. ……   马 6 进 4

抽车，黑胜。

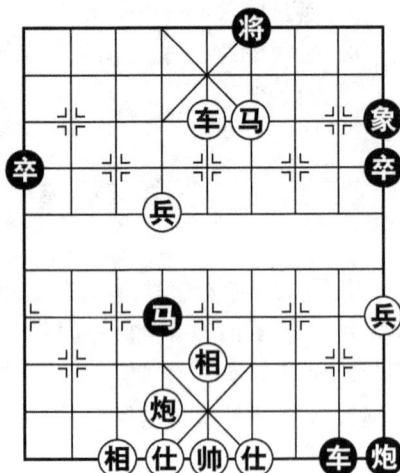

图 123

第124局 退马强兑定胜局

如图 124 形势，这是选自 1999 年全国象棋个人赛中的一局棋。双方对攻，看谁更快。实战如下：

  1. ……   马 3 进 5

跃马舍炮，先弃后取，好棋。

  2. 车二平一 马 5 进 4

  3. 帅五平四 马 4 进 6

兑炮请帅上官顶，利于攻杀，妙！

  4. 帅四进一 车 4 平 6

  5. 马四退二 车 6 退 3

  6. 马七退六 车 6 退 1

  7. 马二退三 马 6 退 4

一步回马枪结束战斗。因如续走马

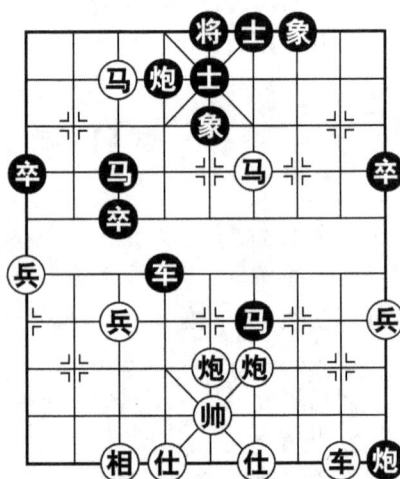

图 124

六退四，马4退6，马三进四，车6进3，黑胜。

第125局　退马驱车又打相

如图125形势，这是选自1979年全国
象棋赛中的一局棋。双方大子损失不多，
子力较强，双方都在考虑怎样巧妙入局。
此时黑方寻找到了入门的巧着，实战如下：

1. ……　　　马7退6

退马好棋，既可踩车，又可打相，
一举两得。

2. 车六退二　炮7进9
3. 仕四进五　炮7平9
4. 前马进六　车7进5
5. 仕五退四　马6进5
6. 相七进五　车6进6

黑胜。

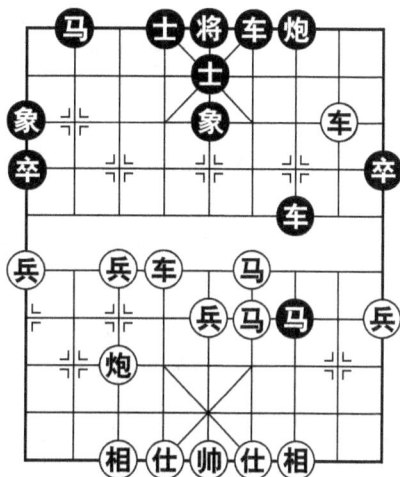

图 125

第126局　退马献车妙入局

如图126形势，这是选自1978年全
国象棋赛中的一局棋。当前局面，红方
很快就要采取车四进六换车的解危之法。
黑方必须采取果断有力的对应措施。实
战如下：

1. ……　　　马8退7

退马踩车是一步深谋远虑的高着！
一是控制红方的车不能往右移动；二是
防红方换车；三是与后炮配合发动攻势。

2. 车四平三　车5平4

这步献车吃炮，出人意料，是一步
绝妙的弃子攻杀战术。如接走车六进二，
炮3进3，伏有炮3退4打马和炮3平7

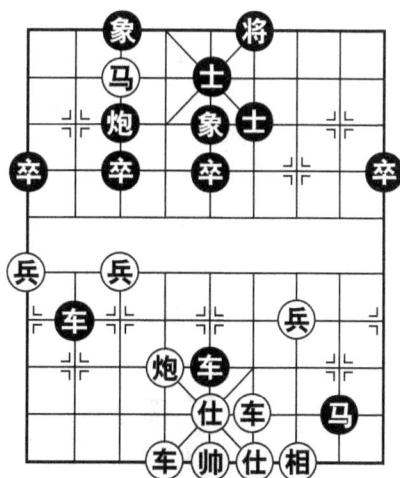

图 126

打死车的妙手。

3. 仕五进六　炮3进3 　　　　**4.** 车三平七　炮3平7

5. 相三进一　车2平5 　　　　**6.** 车七平五　炮7平5

黑方车马炮联攻，红方双车防不胜防。黑胜。

第127局　夺炮杀将巧运马

如图127形势，这是选自2003年全国象棋个人赛中的一局棋。从局势上分析，黑方虽然右翼空虚，但红方只有车炮子力显然不够。红方经过筹划，巧妙运马成功助战而胜。实战如下：

1. 马三进四　车7退1

2. 马四进六　……

跃马赶车，踏河奔驰，直插腹地。

2. ……　　　　炮3退2

3. 车八平九　……

灭卒通炮，一举两得。

3. ……　　　　炮3平4

4. 炮八进一　……

借力轰车，妙。

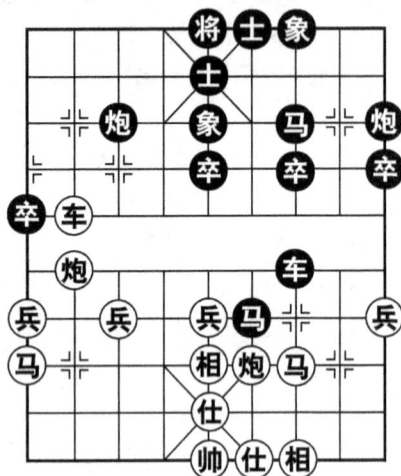

图127

4. ……　　　　车7进3 　　　　**5.** 炮八进二　士5进4

6. 马六进八　士6进5 　　　　**7.** 炮八进二　炮4进1

8. 车九进四　……

车马炮联手侧攻，步步生辉，精彩。

8. ……　　　　炮9进4 　　　　**9.** 马八进七　士5退6

10. 炮八退一　将5进1 　　　　**11.** 马七退八

一步回马，夺炮又有杀势，红胜。

第128局　退马捉车巧运子

如图128形势，这是选自1998年全国象棋团体赛中的一局棋。此局棋虽然红帅已不安于位，但黑大子分散，需要整合集中。黑方在进攻中克服了这一困难。实战如下：

1. …… 　　车4进5

车进宫底，开辟马道，形成三子连攻之势，佳着。

2. 兵三进一　马6进4

3. 车八平七　……

如改走车八退二，车4平3，兵七平六，象5进7，黑方胜势。

3. …… 　　马4进6

4. 炮五平四　炮1进1

5. 相七进五　车4平6

6. 马四退二　车6平8

8. 车七平三　马6退5！

7. 马二退三　车8退1

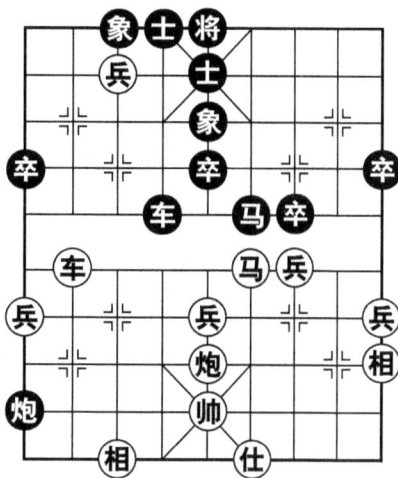
图128

这时退马，既捉车又运马与边炮配合，好极了。红方至此投子认负。以下如续走车三退一，马5进4，帅五平六，马4进3，帅六退一，炮1退1，也是黑胜。

第129局　退马催杀兼踩车

如图129形势，这是选自1996年全国象棋团体赛中的一局棋。此局红方略优，而在优势局面下怎样快速取得胜利呢？这要考验棋手的杀力。实战如下：

1. 马六退五　……

退马好棋！既提前预防对方的压制，也可加强攻杀力度，又同时攻击黑车，令对方即刻表态。

1. …… 　　车3进7

2. 仕五退六　将6平5

3. 马五退三　将5平6

4. 炮五平四　车3退2

5. 车四平二

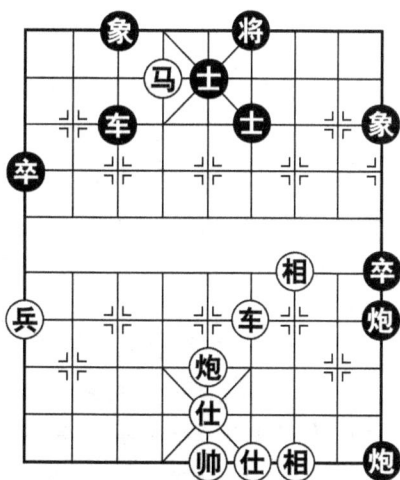
图129

弃炮叫杀，干脆利落。黑接走车3平6，车二进六，将6进1，马三进二，红胜。

第130局　回马兑子夺车胜

如图130形势，这是选自1999年全国象棋个人赛中的一局棋。当前局面，从表面看，双方差不多。但红方已经分析到了黑窝心马的弱点，并设计了一个很好的兑子夺车计谋。黑方因疏忽，果真中计。实战如下：

1. 兵五进一　车7平5
2. 车八平六　……

弃兵调动黑车后，肋车抢兑占位，好棋。

2. ……　　　车4退1
3. 马八退六　马5进7

跳窝心马太急，应炮7退3，可以多纠缠一下。

4. 马六退四！

以下黑如车5退1，马四进三，下步将军，红方夺车胜。

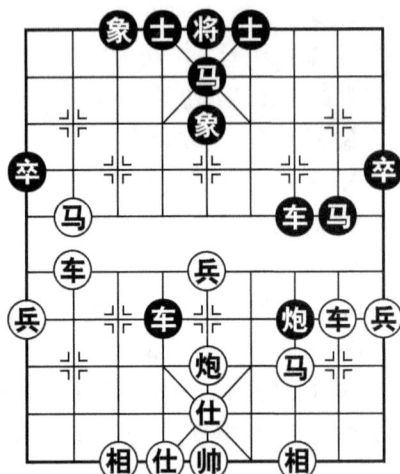

图130

第131局　退马扫兵争胜势

如图131形势，这是选自1999年全国象棋个人赛中的一局棋。双方已完成布局，准备进入紧张的中局搏杀。黑方在拼搏中连续回马扫兵，以多卒之势赢得胜利。实战如下：

1. ……　　　炮8进5　　　2. 仕六进五　炮2进5

双炮飞插底线，迅速形成攻势，好棋。

3. 马九退八　车2进9　　　4. 车六退八　车6平8
5. 车三平四　炮8平9　　　6. 车四退七　马7退5

退马扫兵，正确。

7. 炮五进一　车8进6　　　8. 车四平三　马5进3

9. 相七进五　车 2 平 4

10. 帅五平六　车 8 退 3

11. 炮三进一　马 3 进 5

12. 炮五平二　马 5 进 7

双方经过大兑子后，局面简化进入残局，黑方多卒，兵种又好，已呈胜势。

13. 炮三退一　马 7 退 5

14. 炮二平九　马 5 退 6

15. 炮三平二　马 6 进 4

16. 帅六平五　马 4 退 5

17. 炮九进三　马 5 进 7

18. 炮二进二　卒 9 进 1

19. 兵九进一　马 7 进 8

20. 帅五平六　卒 3 进 1

改走马 8 进 7 杀相亦佳。

21. 兵九平八　马 8 退 6！

不吃相而先捉炮破仕，这样马炮卒更易攻杀。黑胜。

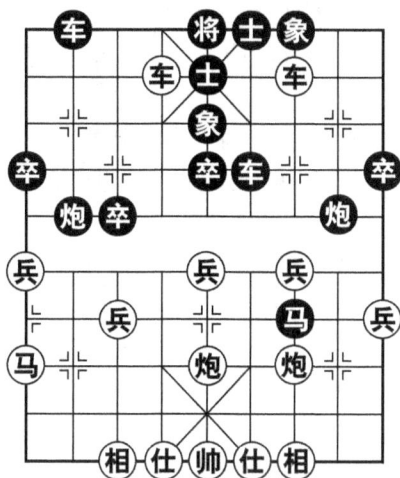

图 131

第 132 局　回马保兵开势好

如图 132 形势，这是选自 1981 年全国象棋赛中的一局棋。双方已进入中局尾声，红方有点微弱的先手，若想谋胜，必须靠深厚的残局功底。实战中红方运子有方，不断扩大优势并赢得了胜利。实战如下：

1. 马六退四　……

回马保兵兼吃象，并为以后退炮让路，谋算深远！

1. ……　　　象 7 退 5

2. 炮二平六　士 5 进 6

3. 炮六退四　将 4 进 1

4. 马三退五　将 4 平 5

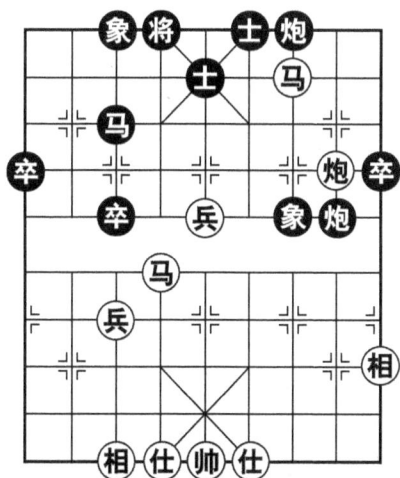

图 132

5. 马五退四　　炮 7 进 3　　　　　6. 兵五进一　　……

小兵直捣黄龙，势不可当。黑如马 3 进 5，后马进六得马胜定。

6. ……　　　　将 5 退 1　　　　　7. 炮六平五　　将 5 平 4

8. 兵五平四　　炮 7 退 2　　　　　9. 炮五平六　　……

双马炮兵形成强大作战兵团，现在发起总攻击，黑方已难抵挡。

9. ……　　　　士 6 退 5　　　　　10. 后马进六　　将 4 平 5

11. 马四进二　　炮 7 平 6　　　　　12. 兵四进一　　炮 8 平 4

13. 马六进四　　……

不贪吃子，反而弃马，凶狠。

13. ……　　　　炮 4 退 3　　　　　14. 兵四进一　　炮 4 平 6

15. 炮六平三　　将 5 平 4　　　　　16. 炮三进七　　将 4 进 1

17. 马四退六　　马 3 进 4　　　　　18. 炮三退七

多子得势，红胜。

第133局　金枪回马惊如雷

如图 133 形势，这是选自 1999 年全国象棋团体赛中的一局棋。双方布局结束，红方局势有点紧张。实战中红方临危不惧，运子有方，巧妙兑子，最后以回马枪一步取胜。实战如下：

1. 炮五平九　　车 8 平 4

2. 马五进七　　车 4 进 1

3. 仕四进五　　炮 7 进 2

4. 前炮进四　　炮 2 平 1

5. 车八进三　　马 3 退 2

6. 相三进五　　炮 7 平 9

7. 车四平八　　……

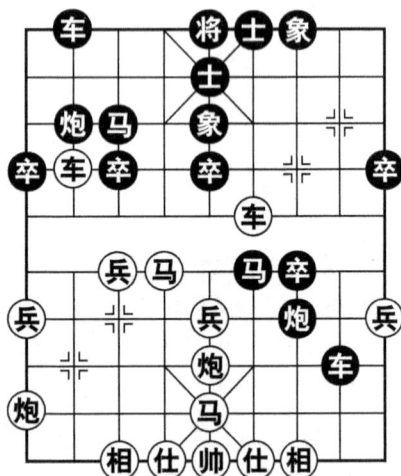

图 133

这一段红方移形换阵，子力大转移，继而兑车切入黑方右侧，形成有效攻势，一套组合拳打得好。黑方上着棋同样开炮，应走炮 7 平 8。

7. ……　　　　马 2 进 4　　　　　8. 车八进三　　象 5 进 3

红方乘机抢子，取得优势。黑方飞象通炮，旨在寻求对攻，因为黑马也无法保护。如改走马6进5，马六退五，也是红方多子优势。

9. 车八平六　炮1平8　　**10.** 前炮平五　象3退5

11. 炮五平二　……

打通中路再挡炮，恰到好处。

11. ……　马6进5　　**12.** 马六进七　马5进7

13. 帅五平四　车4平3　　**14.** 车六平八　炮8退1

15. 车八退三　卒7平6

如改走车3退1，炮二平五，红方速胜。

16. 炮二平五　炮8平6　　**17.** 车八平四　炮9进1

18. 炮九进一　车3退1　　**19.** 车四进三　车3退2

20. 马七进八　车3平4　　**21.** 炮九平四　卒6平7

22. 炮四平六　卒7平6　　**23.** 马八退六

把握先机，回马金枪，红方抢先入局。黑如续走车4退3，车四退四，绝杀，红胜。

第134局　回马连攻妙入局

如图134形势，这是选自1993年全国象棋团体赛中的一局棋。双方进入中局，局势各攻一翼，红方右翼更加危险。且看红方如何排忧解难，赢得胜利。实战如下：

1. 车九平四　……

兑车抢道，佳着。黑如车6进2，马六进四，车8退4，炮九平五，将5平6，后炮平四，红方胜势。

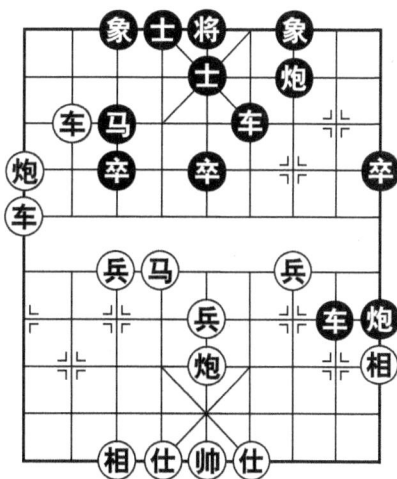

图134

1. ……　车6平8

2. 车四进三　炮7平9

3. 炮九平五　马3进5

4. 车八平二　车8退4

5. 炮五进四　士5进6

兑子抢镇中炮，攻势凌厉。

6. 兵三进一　车8平7　　**7.** 炮五退二　车7进2

8. 马六进五　车7平5　　**9.** 马五进三　车5平7

10. 车四退一　　炮9平7　　　11. 仕四进五　　卒9进1

12. 帅五平四　　炮9平6　　　13. 马三进一　　车7进2

14. 马一退二

连攻入局，黑如续走炮7进2，马二进三，将5进1，车四平五，将5平4，车五退二，下一手退马，红胜。

第135局　回马兑子抢攻势

如图135形势，这是选自2006年"威凯房地产杯"全国象棋赛中的一局棋。双方的子顶得很紧，红方的中马有可能被对方逼回来。红方为打开局面，采取了强行兑子的方法。实战如下：

1. 马七退五！……

回马兑子，抢攻佳着，打开了僵持的局面，是这盘棋的精华之处。

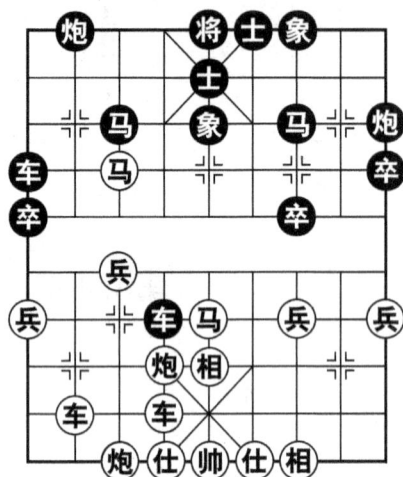

图135

1. ……　　　　车4平5

2. 炮七进七　　炮2平3

如改走车5退2，车八进八，士5退4，炮六进六！双车双炮攻势强大，黑方难以应付。

3. 炮七平八　　车5退2

红方弃马侧打，计算准确，实施先舍后取战术，好棋。黑如改走炮3平2，炮八平三，炮2平4，马五进六！士5进4，炮六进七，将5平4，车八进八，将4进1，车六进六，将4平5，车六进二，红胜。

4. 炮八进二　　炮3进2

如改走士5退4，炮六平七，士6进5，车六进七，红方胜势。

5. 炮六进七　　炮3退2　　　6. 炮六退一　　士5退4

如改走炮3进1，车八进七，车1平3（如炮3进1，红炮六平七），炮八平九，红方攻势凌厉，黑难抵挡。

7. 炮六退一　　士6进5

如马7进8，炮六平一，象7进9，车六进八，将5进1，车八进七，红胜。

8. 炮六平三　炮 9 进 4　　　　　**9.** 车八进七　车 1 平 6

10. 仕六进五　炮 9 进 3　　　　**11.** 帅五平六　象 5 进 3

12. 炮三平五

献炮绝杀，妙。黑如续走象 7 进 5（如将 5 平 6，车八平五），车八平五！将 5 进 1，车六进七，将 5 退 1，车六进一，红胜。

第 136 局　回马飞相腾炮路

如图 136 形势，这是选自 1981 年全国象棋团体赛中的一局棋。此局黑方的弱点是左翼空虚，红方立即通过兑子调兵遣将，集中攻击黑方弱点，一举成功。实战如下：

1. 马二退四　车 8 平 6

2. 相五进七　……

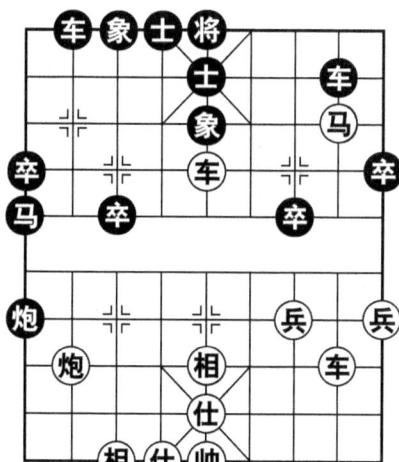

图 136

兑车活马，飞相通炮，妙。使红方的进攻路线很快开扬起来。

2. ……　　　　　　炮 1 平 5

3. 帅五平四　车 2 进 6

4. 炮八平四　炮 5 平 6

5. 帅四平五　车 2 平 4

6. 车五平九　车 4 退 5

肋车回守，势在必行。黑如改走马 1 进 2，马四进六，车 4 退 4，炮四进六，卒 3 进 1，车九平四，炮 6 退 5，车四进二，士 5 退 6，车二进四，红方胜势。

7. 马四进二　车 6 平 8　　　　　**8.** 车九退一　……

攻中夺子，确立优势。

8. ……　　　　　　车 4 进 2　　　　　**9.** 车九平七　车 4 平 7

10. 炮四平五　炮 6 退 4　　　　　**11.** 车七平三　车 7 平 5

连连抢卒，兑车抢攻，好棋。黑如改走车 7 进 1，马二退三，车 8 进 6，马三进四，将 5 平 6，炮五平四，车 8 平 6，马四进二，将 6 平 5，仕五进四，红方胜定。

12. 车三平二　炮 6 退 2　　　　　**13.** 马二退四　车 8 平 6

14. 马四退三　　车6进5　　　15. 前车进一

硬兑车，红胜势。

第137局　回马捉双抢先手

如图 137 形势，这是选自 2007 年全
国象棋团体赛中的一局棋。此局子力相
等，黑方略微占优，而红方最大的心头
之患就是黑方中炮。围绕这一矛盾，红
方立即退马抢兑，使黑方失去远程攻击
能力，并调集双炮速战告捷。实战如下：

1. 马八退六！车3进5

退马捉车抢先，佳着，黑车吃相落
暗处，不如车3进1，要好一些。

2. 马六进五　……

及时兑去黑炮，消除中路的障碍。

2. ……　　　　卒5进1

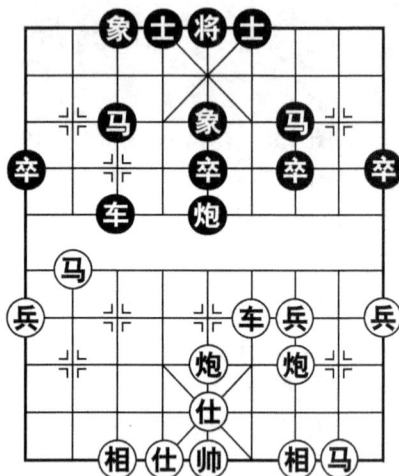

图 137

3. 车四进四　马7退8

红方侧攻切入，好棋。黑如改走马7退9，车四进一，马9退7，炮三进
四，车3退6，炮五平三，红方占优。

4. 车四平二　马8进6　　　5. 车二进一　马6进5

红方紧逼不舍，黑如马6进4，车二平六，红方大优。

6. 炮三平一　卒5进1　　　7. 炮一进四　马5进4

8. 炮一进三　士6进5　　　9. 炮五平二　……

车双炮三子归边，杀局已临。

9. ……　　　　车3退2　　　10. 相三进五　车3平5

11. 炮二进三　士5进4

如车5平8，车二进一，士5退6，炮二平五，红方抽车胜。

12. 车二平一

红胜。

第138局　退马兑子兼扫卒

如图138形势，这是选自1999年第2届"西门控杯"象棋赛中的一局棋。黑方中炮和马卒对红方有封制作用，红方应尽快设法解脱。实战如下：

1. 马四退三　……

退马踩双硬兑子，黑方不得不兑，抢先佳着。

1. ……　　车8平4

2. 马三进五　车4进3

3. 马六退八　马2进3

红方兑子吃卒，捞到便宜；黑如误走马2退4，炮三退五，黑方丢车。

4. 炮三退五　车4退2

5. 炮三平七　车4平5　　**6. 马八退七　……**

再行兑子，顺势破象，形成车马炮侧攻优势。

6. ……　　车5平4　　　**7. 炮七进八　士4进5**

8. 炮七平九　士5进4　　**9. 车八进九　将5进1**

10. 车八退一　将5退1　　**11. 车八平七　炮9进4**

12. 马七进八　车4平2　　**13. 马八进九　炮9平5**

14. 帅五平六　炮5平1　　**15. 马九退七　……**

退马捉车避兑，构成杀局。

15. ……　　车2进3　　　**16. 帅六进一　将5平4**

17. 车七退一　车2退5

如士6进5，马七进八，红胜。

18. 车七平六　将4平5　　**19. 马七进八　马7进6**

20. 车六进二　将5进1　　**21. 车六退一　将5退1**

22. 马八进七

以下车2退4，车六平五！士6进5，马七退六双将杀，红胜。

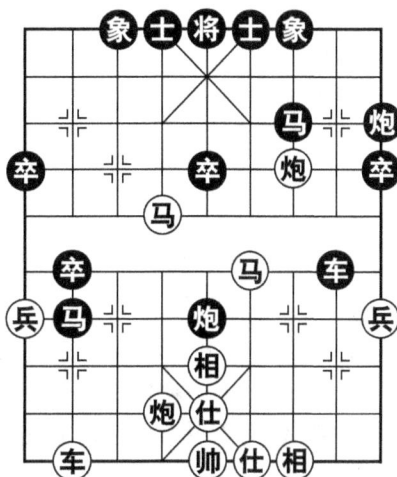

图138

第139局　退马弃子勇者胜

如图 139 形势，这是选自 2009 年全国象棋团体赛中的一局棋。该局对攻激烈，双方缺象（相）且都有双炮参与进攻，这样的棋死守无益，只能两军相逢勇者胜。实战如下：

1. 马四进六　将 5 平 6
2. 炮五平四　炮 3 平 6
3. 马六退五　……

退马准备弃子入局，有战略眼光。

3. ……　　　炮 1 平 4

如改走车 2 退 6，炮六进六，黑方落空。

4. 帅五退一　车 2 退 1
5. 马五进四　……

弃炮踩士，车马入局，突破点找得准。

5. ……　　　车 2 平 6　　6. 马四进二　将 6 平 5
7. 车五进一　将 5 平 4　　8. 马二退四！

大胆连弃两子，勇者终于胜利。红胜。

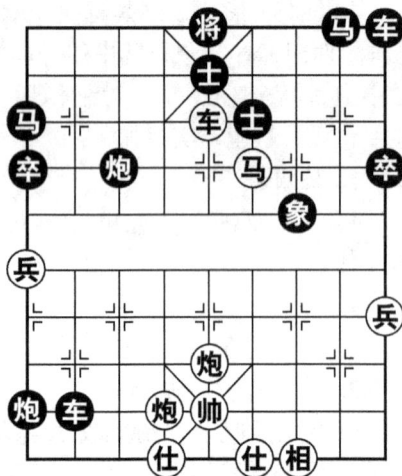

图 139

第140局　退马扫卒定胜势

如图 140 形势，这是选自 1997 年全国象棋团体赛中的一局棋。此局红方利用黑方窝心马的微弱缺点，立即兑车冲中兵，向对方中路发动猛烈攻势。实战如下：

1. 马三进四　后车平 7　　2. 马四进三　炮 5 平 4

红方兑车加强控制，黑如改走车 8 平 7 或马 5 进 3，都可车一平三而占优。

3. 兵五进一　车 8 平 7　　4. 车一平三　车 7 进 5
5. 相一退三　炮 4 进 1　　6. 兵五进一　……

弃马抢攻中路，镇住窝心马，好棋。

6. ……　　　　炮 4 平 7

7. 马五进六　　炮 7 进 1

8. 马六进四　　炮 7 平 6

9. 兵五进一　　……

冲兵叫杀，锐不可当。

9. ……　　　　马 7 进 5

10. 马四进三　　炮 6 退 3

11. 兵五平四　　象 3 进 5

12. 兵四进一　　……

夺回弃子，马炮兵攻双马，红方胜势在握。

12. ……　　　　后马退 3

13. 炮五平二　　士 4 进 5

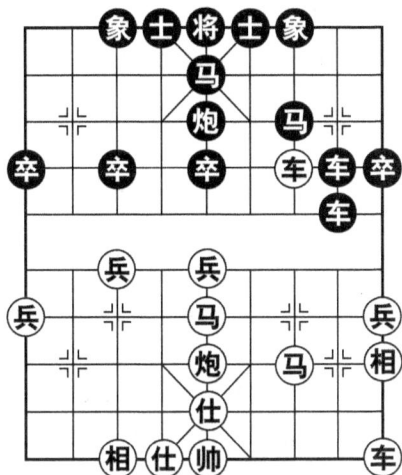

图 140

开炮妙，黑如象 5 进 7，兵四平五！将 5 进 1，炮二进六，红胜。

14. 兵四平五　　将 5 平 4　　　15. 兵五平四　　马 5 退 7

16. 炮二进六　　将 4 进 1　　　17. 仕五进六　　士 6 进 5

18. 兵四平五　　马 7 退 5　　　19. 马三退五　　将 4 退 1

20. 马五退七

退马扫象又扫卒，黑见大势已去，投子认输。

第 141 局　马闯九宫又追车

如图 141 形势，这是选自 2006 年全国象棋团体赛中的一局棋。此局红方两头大马河头并立，两炮在后撑腰，形势一派大好，但黑方防守也十分严密，看红方怎样破敌。实战如下：

1. 马四进六　　炮 9 平 7　　　2. 车三平四　　炮 3 退 1

3. 车四进四　　……

策马踏河，车扼象腰，红方发起进攻，功力尽在其中。

3. ……　　　　士 5 进 4

如改走炮 7 平 9，车四平三，红方夺子胜。

4. 车四平六　　……

吃马，不怕车陷"炮阵"。

4. ……　　　　士 6 进 5

5. 炮四进六 ……

炮攻象腰，左右扼宫，厉害。

5. …… 炮 3 退 1

6. 前马进五 ……

踩炮劫象，闯宫切入，黑方已难应付。

6. …… 炮 7 平 8

7. 炮六进五 马 7 进 6

轰士再攻，凶。黑方另有两种应着：①车 2 平 4，炮六平三，车 4 退 3，炮四平六，炮 8 平 4，马五退七，红方多子多兵胜定。②士 5 进 4，车六退一，将 5 进 1，马五退三，将 5 平 6，车六平三，将 6 平 5，车三进一，将 5 退 1，车三平二，红胜。

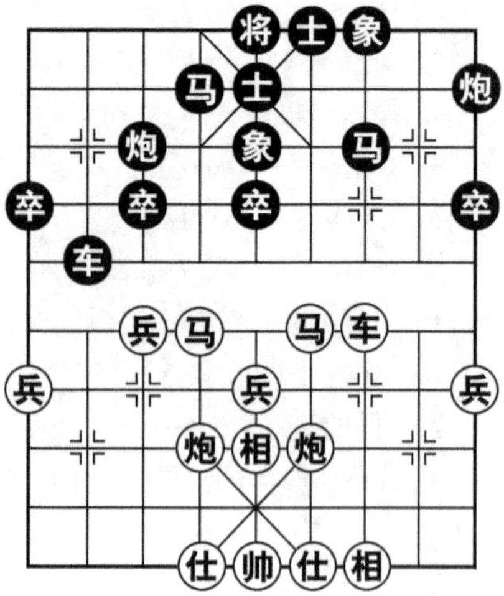

图 141

8. 兵七进一 车 2 平 3   9. 炮六平七 车 3 平 5

10. 马五退三

以下车 5 平 1，兵九进一！车 1 进 1，马六进四，得子红胜。

第142局 退马河口定胜局

如图 142 形势，这是选自 2006 年全国象棋个人赛中的一局棋。红方利用中兵的优势猛冲猛打，得子后攻不忘守，不冒险，回马河头稳步进取。实战如下：

1. 兵五进一 车 4 进 2

冲兵抢攻，好棋。黑如马 3 进 5，车二进三，红方夺子。

2. 兵五进一 卒 4 进 1

如改走象 7 进 5，炮五进六，将 5 平 4，仕四进五，红优。

3. 炮五平三 ……

闪炮攻守两利，老练，如兵五进一，士 6 进 5，炮五平三，炮 9 平 5，仕四进

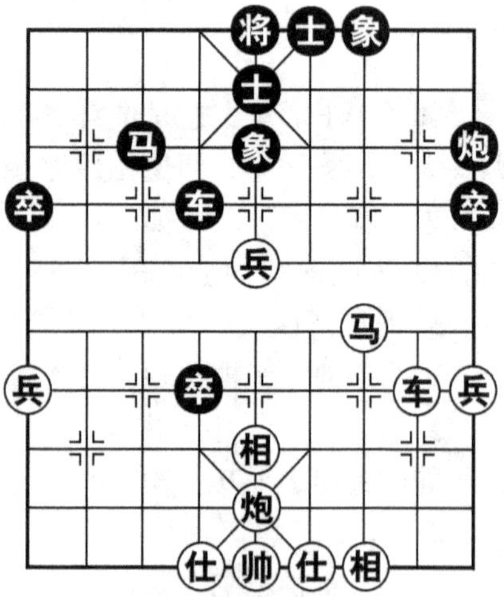

图 142

五，卒4进1，帅五平四，车4平6，黑方反取胜势。

3. …… 象7进5　　　　**4.** 车二进四　将5平4

出将弃炮，无奈，如改走炮9退1，车二平五，马3进2，马三进四，将5平4，炮三进八，将4进1，车五平八，红胜。

5. 车二平一　卒4平5　　　　**6.** 相三进五　车4进4

7. 帅五进一　马3进4　　　　**8.** 车一退一　马4进6

9. 车一平四　马6进4　　　　**10.** 帅五平四　马4退3

11. 车四退三　……

黑方车马难有作为，红方多子多兵，胜势。

11. …… 车4退4　　　　**12.** 车四平五　车4平6

13. 帅四平五　车6进4　　　　**14.** 马三进五　车6退5

15. 马五退七！

黑方少子无势，推枰认输。

第143局　回马夺子得胜利

如图143形势，这是选自1955年广州、武汉象棋友谊交流赛中的一局棋。双方中路空虚，红方乘机运马向中路发动猛烈攻势，破士后回马夺子，精彩动人。实战如下：

1. 车二进六　马3进5

红捉控双马，好棋。黑如改走炮2退2（如炮2平5，马五进四，车4进4，车二平三，车4平5，马七退五，车5平6，马五进六，车6进1，马六进五，车6退4，马五进六，将5平6，车三进二，红胜），马五进四，车4平5（如车4退1，马四进三，车4平7，车二进二，红胜），炮四平五，红方夺子胜。

2. 马五进四　车4退1

跃马捉车，佳着。黑如改走马7进6，车二进二，士5退6，车二平四，将5进1，车四退四，红方大优。

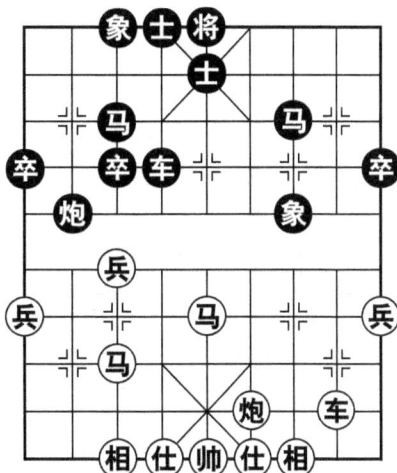

图143

3. 马七进六　炮 2 平 5

四马相兑，妙。黑如马 5 进 4，马四进三，车 4 平 5，炮四平五，红胜。

4. 马六进五　马 7 进 5　　　　　　**5.** 车二进二　士 5 退 6

6. 车二平四　将 5 进 1　　　　　　**7.** 车四退三　车 4 进 1

8. 车四平五　……

红方先弃后取，第 4 回合中路兑马就已埋伏了这步棋。

8. ……　　　　车 4 平 5　　　　**9.** 马四进三　将 5 退 1

10. 马三退五!

红方回马枪夺子取胜。

第 144 局　弃车回马擒敌将

如图 144 形势，这是选自 2005 年第 17 届"棋友杯"全国象棋大奖赛中的一局棋。红方炮镇中路，马在重要位置，为弃子攻杀创造了一定的条件。红抓住机会，弃子入局。实战如下：

1. 车七平六　……

弃车杀炮，先声夺人，好棋。

1. ……　　　　马 8 进 7

2. 帅五进一　炮 9 进 5

3. 帅五平六　马 7 退 5

4. 相三进五　车 2 进 3

5. 车八进六　士 5 进 4

6. 马五进四　……

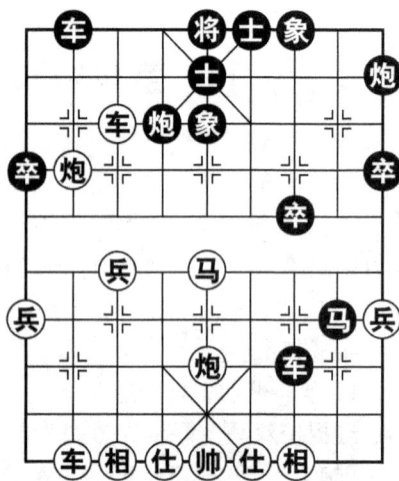

图 144

大兑子后，车马斗车炮，红方马入卧槽，又刁又凶，黑很难应付。

6. ……　　　　炮 9 平 3

如改走将 5 平 4，车八平六，士 6 进 5，马四进五，将 4 进 1，马五退三，红胜。

7. 马四进六　将 5 平 4　　　　　　**8.** 车八平六　卒 1 进 1

9. 车六退三　炮 3 进 2　　　　　　**10.** 马六退五

以下将 4 平 5，马五进四，将 5 进 1，车六进五，红胜。

第145局　破相巧兑马逞强

如图 145 形势，这是选自 1983 年第 5 届省港澳埠际象棋赛中的一局棋。红方中路比较厚实，黑方选择了打相突破的方法。实战如下：

1. ……　　　炮 7 进 7

破相巧兑，好棋。

2. 炮四平二　……

红如相五退三，车 8 平 3，炮四平二，车 3 进 1，炮二进六，士 5 进 6，黑优。

2. ……　　　炮 7 退 2

3. 马一进二　炮 7 平 3

4. 车三平五　炮 1 平 3

开炮弃炮，妙。

5. 车五平七　……

红如改走炮七进六，车 8 平 5，车五平七，马 4 进 2，车七进三，炮 3 退 5，黑方占优。

5. ……　　　马 4 进 5

6. 车七退一　炮 3 进 6

7. 车七退一　车 8 退 1

8. 马二进一　马 5 进 6

弃马打将，强手推进。红如接走仕五进四，车 8 进 3，帅五进一，车 8 退 1，帅五退一，车 8 平 3，黑方夺车胜。

9. 帅五平四　车 8 进 3

10. 帅四进一　马 6 退 5

侧面虎杀，黑胜。

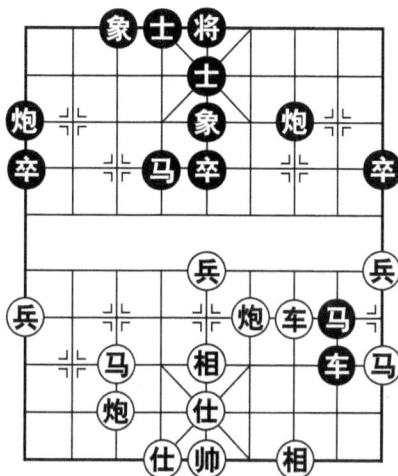

图 145（右侧棋盘图）

第146局　回马踩炮多子胜

如图 146 形势，这是选自 2004 年全国象棋个人赛中的一局棋。黑方双车扼守河口，如不及时赶跑，对红方的进攻影响很大。黑方经过连续献卒和双马破象，终于攻下城堡。实战如下：

1. 兵三进一　……

弃三兵抢先，佳着。

1. ……　　　　　车 8 平 7

黑如卒 7 进 1，车四进二，红方夺子。

2. 炮六进六　　炮 7 平 4

3. 兵七进一　　车 2 进 3

兑子后再弃七兵，妙！黑如车 2 平 3，马六进五，踏双夺车。

4. 车四进二　　卒 3 进 1

5. 车四平三　　卒 7 进 1

6. 车五进三　　……

夺子后车控卒林，携优推进。

6. ……　　　　马 9 进 8

7. 马六进四　　马 8 进 9

8. 马七进六　　车 2 退 5

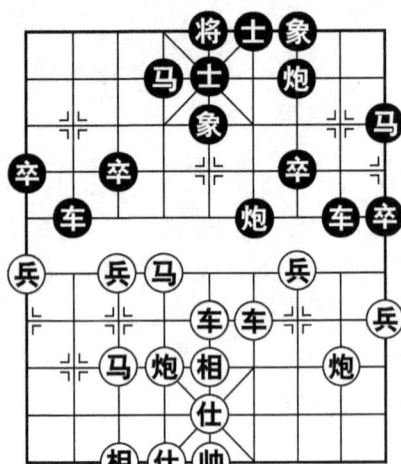

图 146

9. 炮二进七　　马 9 进 7

10. 马六进七　　车 2 平 3

11. 马七进五　　……

蜂拥而上，踏象破宫，快速入局。

11. ……　　　　马 7 退 6

12. 车五平九　　士 5 进 6

13. 马五进四　　马 6 进 8

14. 车九进三　　将 5 进 1

15. 前马退六

以下将 5 平 4，车九退一，将 4 进 1，炮二退二，象 7 进 5，马四进五，红胜。

第147局　退马保相走佳着

如图 147 形势，这是选自 2000 年全国象棋个人赛中的一局棋。红左面底相被黑炮瞄住，如不能及时解危，江山有被攻破的危险。红方退马救驾又攻马，然后兑子解危取得胜利。实战如下：

1. 马三退五　　……

退马保相攻马，攻守兼顾，佳着。

1. ……　　　　车 2 平 4

弃马平车，有侵相腰的攻势。如改走炮 3 进 7，马五退七，车 2 平 1，炮三进一，车 1 进 2，马七进八，红方夺子胜势。

2. 炮三进六　　炮 3 退 2

3. 马五进七　　马 1 进 3

反弃子解围，好棋，牢牢控制局面的主动。黑如改走炮 3 进 7（如车 4 平

3，炮五进四，士 6 进 5，相三进五，红优），炮五进四，士 4 进 5，车四平八，红优。

4. 仕六进五　车 4 退 4

5. 马九进八　卒 1 进 1

6. 炮三退一　卒 5 进 1

7. 炮五进三　士 4 进 5

8. 马八退七　炮 3 进 7

9. 车二进二　……

这一段，红方马奔炮轰，兑子捉子，优势得以确立和扩大。

9. ……　　　车 8 进 3

10. 炮三进二　炮 3 进 1

11. 车三平八　车 4 退 3

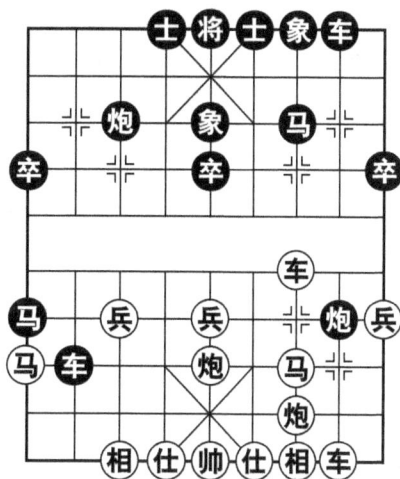

图 147

12. 车八退三	炮 3 平 4

13. 车二平六	车 8 平 5	14. 兵五进一	车 4 进 7
15. 仕五进六	炮 8 平 4	16. 仕六退五	

攻中围捕，一气呵成，夺子取胜。

第 148 局　弃车砍炮马奔腾

如图 148 形势，这是选自 2001 年全国象棋团体赛中的一局棋。红方双炮镇中，且有车过河，黑方情况万分危急。实战中黑方大胆弈出弃车砍炮佳着，令人惊叹！实战如下：

1. ……　　　车 8 平 5

2. 仕四进五　马 3 进 5

一车换双，取势佳着。

3. 帅五平四　士 4 进 5

4. 相三进五　炮 1 平 4

5. 车九平六　……

如改走车九平八，炮 4 进 1，车四退四，炮 5 平 6，车四平二，马 5 进 4，车

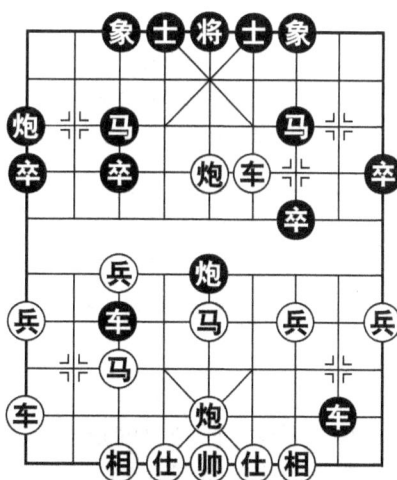

图 148

八进一，马4进6，仕五进四，炮4进4，黑方大优。

5. …… 炮5平4　　　　　**6.** 车六平八　前炮退2

7. 车四退四　马5进4

黑方几个大子平、退、进，一哄而上，优势迅速扩大。

8. 车八进一　马4退6

在激烈进攻中回马一枪，退马弃而再取，妙。以下是马五进四，后炮平6，马七进五，车3平5，黑方夺子胜。

第149局　回马打将又夺马

如图149形势，这是选自2000年全国象棋个人赛中的一局棋。此局双方兑完车后，黑方利用两个河口马的灵活优势，主动出击，最后运马入局。实战如下：

1. …… 马6进8

2. 马三退一　炮7退1

3. 炮四平五　……

进马欺马，退炮轰双，黑方取势推进。红如改走相七退九，炮7平9，黑方多卒有攻势。

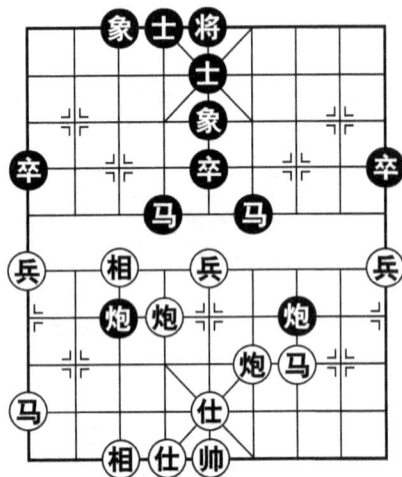

图149

3. …… 炮7平3

4. 炮五进四　马8进6

5. 马一进二　后炮平9　　　**6.** 兵五进一　……

如改走马九进八，炮9平1，黑方多象多卒，占有优势。

6. …… 马4进2　　　　　**7.** 马二退四　炮9平6

8. 炮六退二　炮6进2

兑子简化，顺势而进。

9. 仕五进四　马2进4　　　**10.** 仕六进五　马6退5

11. 马九进八　马4退6　　　**12.** 马八进七　……

在黑方连续回马枪的攻击下，使红方思维乱了。红方进马漏着，造成丢子，不过如改走炮五平二，马6进5，炮六进一，前马退4，马八退九，马5进7，炮二退五，卒9进1，也是黑方胜势。

12. ……   马6退5

以下马七进五，炮3平5，打将夺马，黑胜。

第150局　退马闪将定胜局

如图150形势，这是选自1996年全国象棋团体赛中的一局棋。此局双方都在紧张的运子对攻，黑方炮打边兵，运马助攻，最后退马打帅获胜。实战如下：

1. ……   炮2平9

2. 车九平一　炮9退2

炮轰边兵侧翼抢攻，现退炮打马攻守兼备，佳着。

3. 兵五进一　象7进5

4. 马六进五　车3进2

5. 炮二退一　士4进5

6. 马五退六　炮9平4

攻中夺子，奠定优势。

7. 车四进一　炮4进4

图 150

8. 炮二进一　炮6平5

9. 车四平五　马7进6

10. 车五进一　马6退4！

11. 炮二平三　车8平7

12. 车一进二　马4进5

13. 帅五进一　……

红如改走仕四进五（如仕六进五，马5进7，帅五平六，炮4退8，黑胜），马5进7，帅五平四，车7进1，黑方胜定。

13. ……   马5退6

巧攻连连，妙手推进，走得精彩。退马闪将立定胜局，黑胜。

第151局　升车弃子马配合

如图151形势，这是选自2000年全国象棋团体赛中的一局棋。本局棋对攻激烈，黑方中路空虚，红方右车被封。红方首先采取弃子和反弃子的战术夺得优势。实战如下：

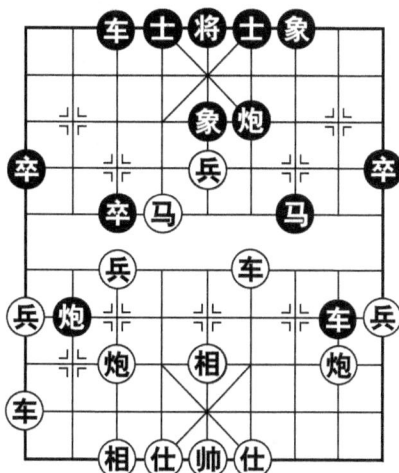

1. 车六进三　炮2进4

2. 马五进七　炮8平7

3. 车三进二　炮7进6

4. 车三退三　车7进9

5. 炮五进四　将5进1

6. 车六平七　……

弃与反弃，捉与反捉，双方展开激烈厮杀，对攻中，红方抢中攻将，已占优势。

6. ……　　　炮2平8

7. 车七进一　将5退1

8. 相七进五　……

上相攻车，攻不忘守，好棋。

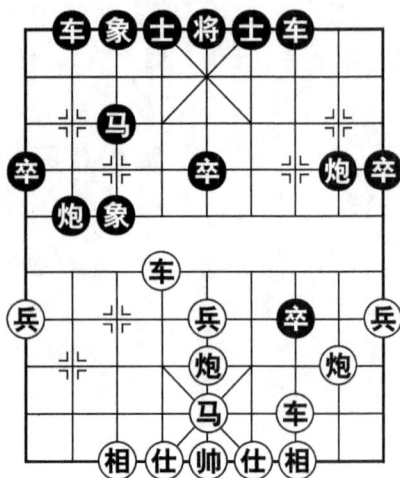

图 151

8. ……　　　车7退6　　**9.** 炮二进七　车7退3

10. 炮二退四　炮8进1　　**11.** 相五退三　车7进4

12. 炮二退一　车2进3　　**13.** 炮二平五　车7平5

14. 车七平二　……

双炮联动牵双车，现在捉炮窥车夺子，奠定优势。

14. ……　　　车5进1　　**15.** 兵五进一　车2平5

16. 车二退八　车5进2　　**17.** 仕四进五　车5平7

18. 马七进五　车7进1　　**19.** 马五进四　车7平9

20. 马四进六　士4进5　　**21.** 车二进五　车9退2

22. 马六进七　将5平4　　**23.** 车二进一　车9平4

24. 车二平九　……

至此进入残局，红方有车马兵，子位又好，可胜。

24. ……　　　车4退2　　**25.** 车九平七　象3退5

26. 兵九进一　卒9进1　　**27.** 兵九进一　车4进2

28. 兵九进一　士5进4　　**29.** 车七平四　士6进5

30. 兵九平八　车4平3　　**31.** 兵八平七　卒9进1

32. 马七退八　象5退7　　**33.** 兵七平六　车3退2

34. 车四退二　卒9进1　　**35.** 车四退一　车3平2

36. 马八退六　象3进5　　**37.** 车四平一　……

运动中消灭过河卒，成车马兵必胜车士象全局面，下面入局可鉴。

37. ……　　　将4平5　　**38.** 车一平九　车2平3

39. 马六进四　将5平4	**40.** 仕五退四　象5退3
41. 车九平三　象3进5	**42.** 车三平八　象5退3
43. 马四进二　象7进5	**44.** 马二进四　将4进1
45. 车八平五　将4退1	**46.** 车五平二　象5进7
47. 车二进六　将4进1	**48.** 车二退二　车3平1
49. 马四退五！	

此时退马必破象，红胜。

第152局　弃马抢先争主动

如图152形势，这是选自1987年全国象棋团体赛中的一局棋。此局双方缺相（象），双方都组织大子围攻对方，都想尽快分出胜负。实战如下：

1. 马七进六　……

弃马抢先，对攻中争主动，佳着。

1. ……　　　车7平4

2. 车八进六　士5退4

3. 马六进四　车5平6

4. 车四进四　……

以马夺车，物质上取得优势。后方虽然遭攻，但算准有惊无险。

4. ……　　　车4进5

图152

5. 帅四进一　车4平5	**6.** 帅五平六　士6进5
7. 车四平三　马8退6	**8.** 帅六进一　象7进5
9. 车三平五　马6退4	**10.** 仕四进五　……

双车叫杀，逼黑退马防守，现在上仕化解黑方攻势，老练。

10. ……　　　车5平3	**11.** 车八退六　车3退2
12. 帅六退一　车3进1	**13.** 帅六进一　马4退3
14. 车八进六　马3进4	**15.** 车五平一　炮1退2
16. 车一进二　士5退6	**17.** 车一平四　将5平6
18. 车八平六　将6进1	**19.** 车六退一　将6退1
20. 车六退五　……	

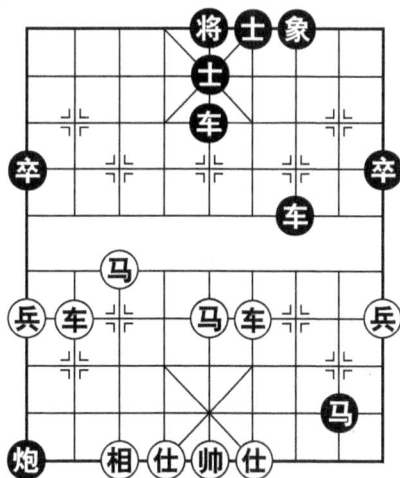

破双士，以车换马解杀，对攻中显示功力，形成车马斗车炮，残缺仕（士）相（象）情况下，车马力量大于车炮，黑方败象已露。

20. ……	车 3 退 5		21. 马五进四	车 3 平 6
22. 马四进六	将 6 进 1		23. 马六进七	车 6 退 1
24. 车六进五	将 6 退 1		25. 车六退二	炮 1 平 3
26. 车六平一	将 6 进 1		27. 车一平九	……

净多双兵，红方胜势。

27. ……	车 6 平 3		28. 车九平四	将 6 平 5
29. 车四平五	将 5 平 6		30. 马七退五	车 3 平 4
31. 帅六平五	将 6 平 5		32. 仕五退六	炮 3 退 7
33. 马五退三				

以下将 5 平 4，车五进二，将 4 进 1，马三进四，红胜。

第 153 局　马炮连攻奏凯歌

如图 153 形势，这是选自 2005 年"城大建材杯"全国象棋大师冠军赛中的一局棋。黑方老将动摇，很快将会受到红方夹车炮的攻击。黑方临危不乱，利用四大子力集中右翼的优势，全力猛攻，率先夺得帅旗。实战如下：

1. ……　　　　马 4 进 6

2. 炮二平四　　……

马入卧槽，先行叫板，红如改走炮二进七，将 5 进 1，炮二退一，将 5 退 1，炮二平八，马 6 进 7，帅五进一，马 1 进 3，帅五平四，马 3 进 4，帅四平五，马 4 退 3，帅五平四，车 4 进 5，仕四进五，车 4 平 5，帅四退一，卒 5 平 6，黑胜。

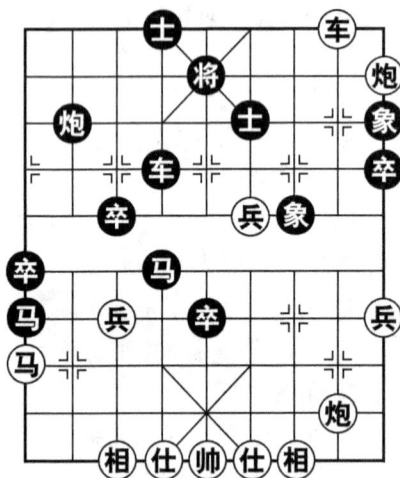

图 153

2. ……　　　　马 1 进 3　　　3. 仕四进五　炮 2 平 5

4. 帅五平四　　……

以点带面，黑方全线出击；红如改走兵四平五，马 6 退 5，炮四平二，炮 5 进 1，炮二进七，将 5 进 1，红无续攻手段，黑方胜定。

4. …… 马 6 进 5

弃马杀仕突破，好棋。

5. 仕六进五 马 3 进 5　　　**6.** 炮四平二 炮 5 进 3

7. 炮二进七 将 5 进 1　　　**8.** 炮二平三 车 4 进 6

9. 帅四进一 马 5 退 6！

马后炮杀，黑胜。

第154局　炮飞马啸旌旗舞

如图 154 形势，这是选自 2005 年"三环杯"象棋邀请赛中的一局棋。双方车马炮都投入紧张战斗，红方甚至御驾亲征，战场上风烟滚滚，究竟谁先拔下寨旗。实战如下：

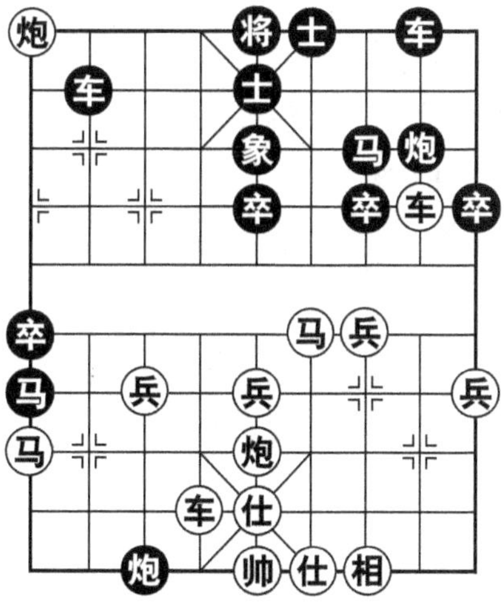

1. 帅五平六 ……

出帅抢攻，先声夺人。

图 154

1. …… 马 1 进 3

2. 马九退七 士 5 进 4

3. 车六进六 炮 3 平 6

弃炮轰仕，立足于博，舍此皆落空。

4. 仕五退四 车 2 进 8

5. 帅六进一 车 2 平 3

6. 车六进二 将 5 进 1　　　**7.** 马四进六 将 5 平 6

如改走车 3 退 1，帅六进一，将 5 平 6，车二退四，红方胜势。

8. 炮五平四 车 3 平 6

9. 车二退四 炮 8 进 2

10. 相三进五 马 3 退 1　　　**11.** 兵三进一 卒 7 进 1

如改走炮 8 平 4，兵三平四，将 6 平 5，车二进七，马 7 退 8，车六退四，车 6 退 2，炮九平二，红方胜势。

12. 车六退一 士 6 进 5　　　**13.** 马六进四 马 7 进 6

14. 车六平五 将 6 进 1　　　**15.** 马四进二 马 6 退 7

16. 炮九退二 象 5 进 3　　　**17.** 马二退三！

一气呵成演杀局，红胜。

第155局　车水马龙炮飞舞

如图155形势，这是选自1987年全国象棋个人赛中的一局棋。双方对杀，黑方利用在左方子力集中的特点，加速进攻，终于用车马炮抢先成杀。实战如下：

1. ……　　　炮7平5
2. 仕五进四　车6进3
3. 炮六进七　车7进2

双方互吃仕（士）对杀，黑方吃马争抢时间，在速度上占上风。

4. 炮六平三　象5退3
5. 车八平七　士5退4
6. 车六进三　将5进1
7. 车六平五　将5平6

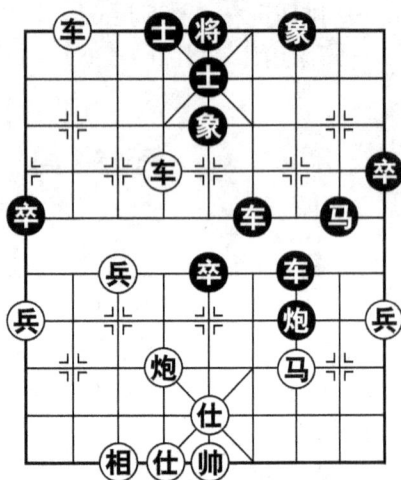

图155

8. 车五平四　将6平5
9. 车七平五　将5平4
10. 车五平六　将4平5
11. 车四平五　将5平6
12. 车六退一　将6进1
13. 车五平四　将6平5
14. 车四退七　……

红炮先打士象，双车扑杀，但红方离杀局差一步，只得兑车救急。

14. ……　　　车7平6
15. 炮三平五　马8进7
16. 车六退五　车6进1
17. 炮五退五　马7进5
18. 仕六进五　车6平5
19. 帅五平四　车5进1
20. 帅四进一　马5退7

车马炮成杀，黑胜。

第156局　车驰马跃冷着胜

如图156形势，这是选自2007年全国象棋团体赛中的一局棋。该局势已到了非对攻不可的紧要关头，双方炮飞马跃，看谁捷足先登。实战如下：

1. 炮八进七　马8进6

一方沉底炮，一方跃马跨河，双方展开对攻。

2. 炮三平四　象 9 退 7

退象固中护炮，正着。如改走马 6 进 5 急于踩相，红车七退二，士 4 进 5，车七平五，马 5 进 3，帅五进一，车 2 退 8，炮四平二，红占优。

3. 炮八平六　……

轰士对攻，其他也无更好的选择。

3. ……　　　马 6 进 5

此时踏相正是时候。

4. 炮六退五　将 5 进 1

5. 车七退一　将 5 退 1

6. 车七平二　车 2 平 7

平车叫杀，抢到一步棋，争到领先的速度，好棋。

7. 仕六进五　车 7 进 1　　　　**8. 炮六平五　炮 5 进 3**

9. 兵五进一　炮 8 平 9　　　　**10. 车二退六　将 5 平 4**

出将叫杀，四两拨千斤，妙。

11. 仕五进六　车 7 退 2

兑子简明，改走车 7 平 6 亦是黑优。

12. 车二退二　车 7 平 6　　　　**13. 车二平一　车 6 平 7**

14. 帅五进一　……

如改走车一进一，马 5 进 7，帅五进一，车 7 平 4，马七进八，车 4 进 1，黑胜。

14. ……　　　马 5 退 7！　　　　**15. 帅五退一　车 7 平 4**

16. 车一平三　马 7 退 5

车马冷着，黑胜。

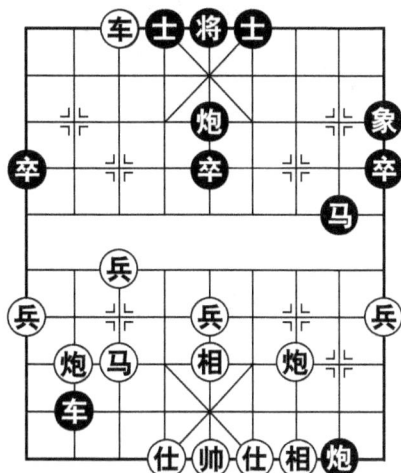

图 156

第157局　踏士破宫闯九州

如图 157 形势，这是选自 1999 年全国象棋团体赛中的一局棋。此局棋双方对攻，黑方有一定的反弹力。实战中红方利用盘头马之威，吃子破士来回飞驰，精彩夺目。实战如下：

1. 马五进六　炮8平5

2. 仕六进五　车2进7

3. 马六进七　士6进5

4. 车三平六　将5平6

5. 前车平四　将6平5

6. 帅五平六　……

双肋车借马使劲，游刃有余；现在弃马出帅，御驾亲征，凶狠有力。

6. ……　　　车2平3

7. 车六进七　炮3平9

8. 炮五进三　……

中炮出击，锐不可当。

8. ……　　　车3进2

9. 帅六进一　马7进5　　**10.** 马七进五　炮9进2

踏士破宫再弃马，厉害。黑如改走士4进5，车四进二，马5退3，车四平五，马3退5，车六进一，红胜。

11. 仕五进四　车3退1　　**12.** 帅六退一　炮5进3

13. 炮五进二　……

舍炮轰象，解杀还杀，妙。

13. ……　　　炮5退6　　**14.** 马五进三　马5进4

15. 马三退四

红胜。

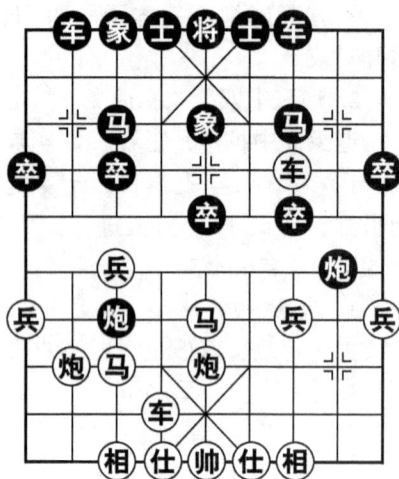
图 157

第158局　兑子抢攻马显威

如图158形势，这是选自2006年第18届"棋友杯"全国象棋大奖赛中的一局棋。此盘棋已进入中局，双方激烈兑子，红马助战显威。实战如下：

1. 车四进七　车2进7　　**2.** 车六进二　……

兑子抢攻侵象腰，气势汹汹，切入点准确。

2. ……　　　车2平1　　**3.** 马七进八　炮3平2

4. 兵五进一　……

马入卧槽再冲中兵，矛头直指黑将，紧凑！

4. ……　　　车3退3　　**5.** 兵五进一　炮9进1

弃马冲兵，凶。黑如车 3 平 2 吃马，
兵五进一，红方速胜。

6. 车六退二　车 1 平 3

7. 车四退二　……

屯兵卒林，8 枚子同线集结，差一格
就打遍全线，甚是有趣。

7. ……　　　卒 9 进 1

8. 车四平三　炮 9 进 1

9. 车六平七　车 3 退 4

10. 车三进一　车 3 平 2

11. 兵五进一　……

大兑子，局面简化。现在冲兵杀象，
撕开黑方防线。

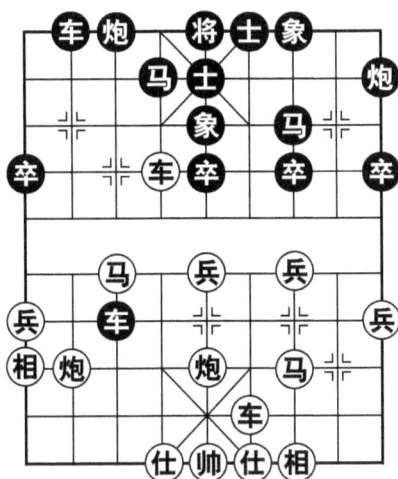

图 158

11. ……　　　炮 9 平 5

如改走象 7 进 5，车三平五，将 5 平 4，兵三进一，红方大优。

12. 仕四进五　车 2 进 3　　　　13. 兵五进一　士 6 进 5

14. 车三平七　象 7 进 5　　　　15. 车七平五　……

杀士劫象，摧枯拉朽。

15. ……　　　车 2 平 7　　　　16. 车五平八　炮 2 平 4

17. 车八退一　炮 5 退 1　　　　18. 车八平五　炮 5 平 8

如改走炮 5 进 5，车五退四，车 7 退 1，仕五退四，车 7 退 4，马三进四，
红方胜势。

19. 车五平九　炮 8 平 5　　　　20. 车九平五　炮 5 平 2

21. 仕五进四　炮 4 平 3　　　　22. 炮五进六　炮 3 进 9

再轰士，由此入局，黑如车 7 进 1，炮五平三，将 5 平 4，车五平六，
红胜。

23. 帅五进一　将 5 平 4　　　　24. 炮五平三　车 7 平 4

25. 车五进三　将 4 进 1　　　　26. 马三进四　车 4 进 2

27. 帅五进一　车 4 退 3　　　　28. 马四进五　炮 2 平 5

29. 马五退六

红胜。

第159局　以退为进盘中路

如图159形势，这是选自1978年全国象棋赛中的一局棋。在中局搏斗中红马被捉，怎样退却值得考虑。实战中红方利用中炮威力，回马中路发起强大攻击。实战如下：

1. 马六退五　……

以退为进，中路盘头，佳着。

1. ……　　　车6平4

2. 兵五进一　车4进4

3. 炮七平八　……

挡炮，攻不忘守，清醒。如兵五进一，炮2进4，黑方车双炮极具杀伤力。

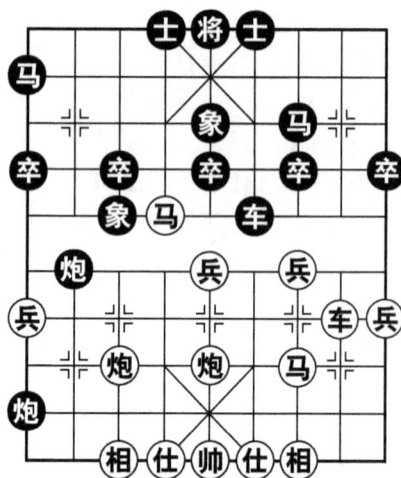

图159

3. ……　　　炮1进1

4. 兵五进一　士4进5

舍仕兵冲九宫，直插中路，好棋。

5. ……　　　车4进1

7. 相七进九　象3退5

再退马捉双通车，攻守兼备。

8. ……　　　车4退1

10. 马三进四　马1进3

卸炮盖车，形成攻杀入局之势，黑难应付。

11. ……　　　将4平5

13. 马六进四　炮2退3

如改走炮2平3，车八平六，炮3平2，车六进五，士5进6，马四进六，士6进5，车六进一，红胜。

15. 马四进六　炮2平4

17. 车五进四　车4平2

19. 炮六进六　马4进2

21. 帅五进一　车2退2

猛攻九宫演杀局！

5. 兵五进一　……

6. 帅五进一　将5平4

8. 马五退七！　……

9. 帅五退一　炮2退1

11. 炮五平六　……

12. 马四进六　马3退4

14. 车二平八　士5进6

16. 车八平五　士6进5

18. 车五平四　马7退9

20. 马六进八　车2进1

22. 车四平七　……

22. ……	将 5 平 6	**23.** 车七进二	士 5 退 4
24. 车七平六	将 6 进 1	**25.** 马八退六	

红胜。

第160局　马炮连攻九宫倾

如图 160 形势，这是选自 1998 年全国象棋团体赛中的一局棋。此局黑方虽然四子归边，但红方也处于进攻状态，看红方是怎样进攻的。实战如下：

1. 兵五进一　车 4 进 1

冲兵欺车抢先，佳着。黑如车 4 平 5，车二平六，马 2 退 3，车六进二，马 3 退 4（如马 3 进 2，炮四平五，红有攻势），马一退二，红方先手。

2. 兵三进一　象 5 进 7

弃三兵通畅"河道"，黑如卒 7 进 1，炮一进一，红先。

3. 车二进一　车 4 平 6

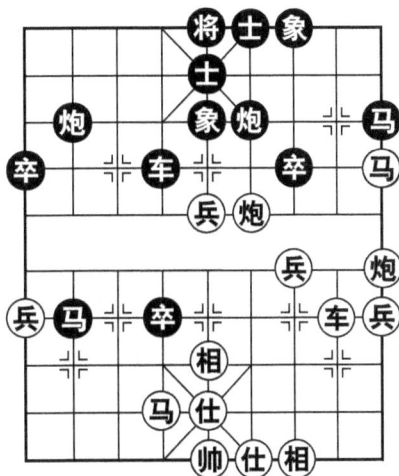

图 160

4. 车二平八	象 7 退 5	**5.** 兵五进一	卒 4 平 3

中兵攻象再出彩，黑如象 7 进 5，炮一进三，红优。

6. 兵五平四　车 6 平 4

先弃后取，红方取得突破；黑如车 6 退 2，炮一平五，红方有攻势。

7. 马六进八	炮 2 平 1	**8.** 兵四进一	炮 1 平 5
9. 车八进五	车 4 退 4		

如改走士 5 退 4，炮一平五，车 4 平 5，马一进三，红胜。

10. 炮一平三	马 9 退 7	**11.** 车八退二	车 4 进 2
12. 车八平六	士 5 进 4	**13.** 兵四平三	……

过河兵夺马再显威，红方由此确立优势。

13. ……	卒 3 进 1	**14.** 炮三平五	将 5 平 4
15. 马八退九	炮 5 进 2	**16.** 兵九进一	马 2 退 3
17. 炮五平六	士 4 退 5	**18.** 马一退二	马 3 进 1
19. 马二进三	炮 5 平 1	**20.** 马三退五	将 4 平 5

21. 马五退七！

捉与反捉，马炮赶马炮，救活底马，黑方无计可施。以下马 1 退 3，炮六平三，象 7 进 5，兵三平四，将 5 平 4，炮三退二，马 3 进 1，马七进九，卒 1 进 1，炮三平七，多子多兵，红方胜定。

第161局　挺兵运马夺子胜

如图 161 形势，这是选自 1966 年全国象棋个人决赛中的一局棋。此局已进入残局，红方只有多一兵的优势，实战中红方经过悉心经营，不断扩大了优势。实战如下：

1. 兵五进一　　马 6 退 7

2. 兵七进一　　象 7 退 5

3. 兵一进一　　……

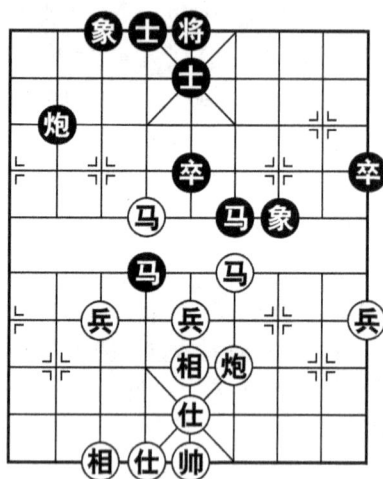

图 161

三步挺兵，局面豁然开朗，功力尽在其中。

3. ……　　　士 5 退 6

4. 炮四平三　　炮 2 退 1

5. 炮三进四　　炮 2 平 9

6. 马四进二　　……

踩马攻马，"泰山压顶"。

6. ……　　　马 7 退 8　　**7. 马二退三！……**

以退为进，护兵而滴水不漏。

7. ……　　　马 8 进 6　　**8. 炮三退二　　马 4 进 3**

9. 马六进四　　马 6 进 7　　**10. 炮三进一　　士 4 进 5**

如改走炮 9 平 1，马三进四，黑难抵挡红方攻势。

11. 马四进三　　将 5 平 4　　**12. 炮三平六　　象 5 退 7**

13. 后马进四　　……

左右环攻，于无声处听惊雷。

13. ……　　　马 7 退 5　　**14. 马四进六　　士 5 进 4**

15. 马六退八　　士 4 退 5　　**16. 马八进七　　将 4 进 1**

17. 马三退二　　炮 9 进 1　　**18. 马七退五　　……**

连攻带吃，摧枯拉朽。

18. ……　　　将 4 退 1　　　　**19.** 炮六平三　　炮 9 平 8

20. 马二退四　马 5 退 3　　　　**21.** 炮三退三　　马 3 退 1

22. 马五退三！

回马一枪，轰象吃炮，夺子而胜。

第 162 局　退马打将夺炮胜

如图 162 形势，这是选自 1963 年广东、东北象棋友谊赛中的一局棋。此局棋双方已无车了，红方充分利用了马的特点，在将军追杀中谋得了对方一炮，最后锁定了胜局。实战如下：

1. 炮八进二　……

进炮轰马窥象，选取准确切入点，佳着。由此打开局面。

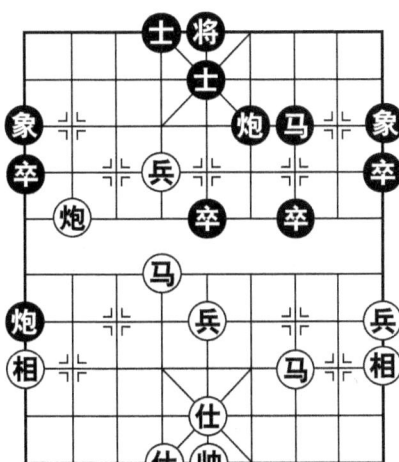

图 162

1. ……　　　马 7 进 8

2. 马六进八　炮 1 退 1

如改走炮 1 平 9，马三进一，马 8 进 9，炮八平一，马 9 进 7，炮一平九，将 5 平 6，炮九平五！破双象，红方占优。

3. 马三进四　马 8 进 7

跃出右马，形成四子联攻之势。黑如卒 7 进 1，马四进三，红优。

4. 马八进九　将 5 平 6　　　　**5. 炮八进二　将 6 进 1**

6. 炮八退一　士 5 进 4

如改走将 6 退 1，马四进五，士 5 进 4，马五进三，将 6 进 1，马九进七，士 4 进 5，马七退八，打将抽炮，红方胜定。

7. 马四进五　炮 6 平 5　　　　**8. 马九进七　士 4 进 5**

9. 马七退八　将 6 进 1　　　　**10. 马八退九**

攻中夺子，红胜。

第163局　弃兵挡炮破封锁

如图163形势，这是选自1978年全国象棋赛中的一局棋。红方马炮兵虽然已攻入对方阵地，但感到子力还是有点不够。实战中红弃兵跃马助战，终于入局。实战如下：

1. 兵五进一　　炮1平5

2. 马三进四　　……

弃兵挡炮，冲破黑方河沿封锁线，三路马迅速窜出，形成炮兵双马联攻杀势，好棋。

2. ……　　　　将6平5

3. 兵四进一　　……

兵冲九宫，厉害。黑如接走士5进6，马二进三杀。

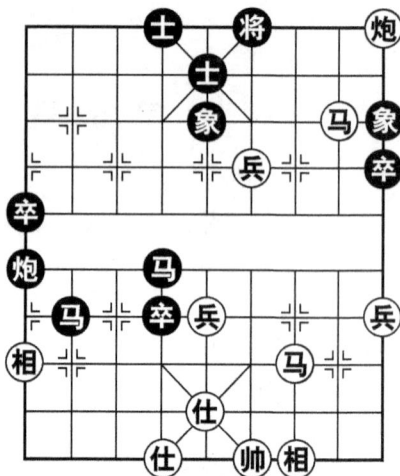

图163

3. ……　　　　炮5退1　　　　4. 马四进三　　炮5平6

5. 马三进五　　……

马踩中象，势不可当。

5. ……　　　　马4退5　　　　6. 兵四进一　　卒4平5

7. 马五进七　　马5退4　　　　8. 马七退六　　炮6进1

回马金枪，杀势已临，攻着漂亮。

9. 马二进三　　士5退6　　　　10. 兵四进一　　马4退6

11. 马三退四

弃兵，炮双马妙杀，红胜。

第164局　马炮联攻巧牵象

如图164形势，这是选自1998年全国象棋个人决赛中的一局棋。双方斗成无车棋，红方利用黑方中路空虚的弱点，跃马猛攻，顺手破象夺子取得胜利。实战如下：

1. 马七进五　炮 3 退 1
2. 炮八平五　士 4 进 5
3. 马六进四　将 5 平 4
4. 炮五平六　炮 4 平 1
5. 马五进六　炮 1 平 4
6. 马六退七　……

炮双马联攻，顺手牵象，扩大优势。

6. ……　　　炮 4 平 1
7. 马七进六　炮 1 平 4
8. 马四进六　士 5 进 4
9. 马六进八　将 4 平 5
10. 马八退七

回马枪灭炮，红胜。

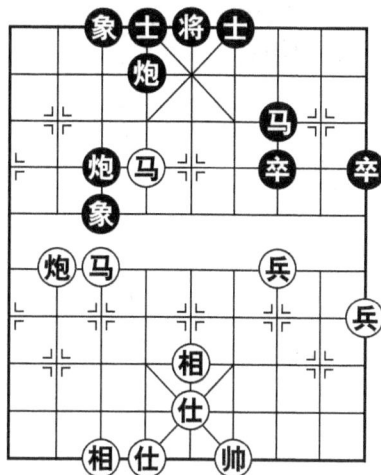

图 164

第 165 局　退马渡兵扩优势

如图 165 形势，这是选自 2005 年全国象棋甲级联赛中的一局棋。无车棋往往在于对兵（卒）的培养和利用，红方在运马的同时乘机渡兵，增加有生力量，最后终于多兵取胜。实战如下：

1. 马六进四　马 4 进 6
2. 马四进六　士 4 进 5
3. 炮九平五　……

马入卧槽炮镇中，红方即刻多兵占优，且有攻势。

3. ……　　　将 5 平 4
4. 仕六进五　炮 9 平 7
5. 马六进七　象 5 退 3
6. 炮五平六　炮 1 进 1
8. 马七退八　将 4 平 5

乘机渡兵，扩大优势。

9. ……　　　炮 7 退 3

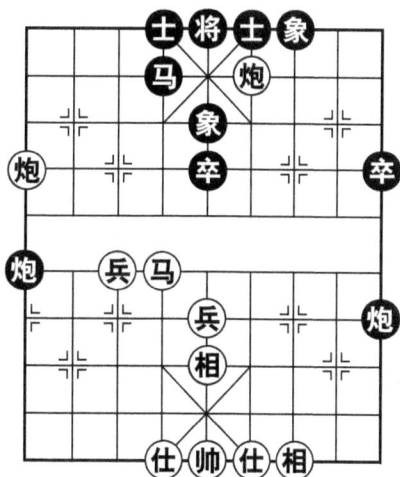

图 165

7. 炮六退二　炮 1 平 3
9. 兵七进一　……
10. 兵七平六　炮 7 平 3

11. 兵五进一　后炮退1　　**12. 兵五进一　……**

再过中兵，双兵过河敌一子。

12. ……　后炮平2　　**13. 兵五平四　象3进5**

14. 炮四平三　马6进8　　**15. 炮三退二　炮3退5**

16. 兵六进一　炮3平2　　**17. 马八退九　卒9进1**

18. 兵六平七　前炮平1　　**19. 马九进八　炮1平2**

20. 马八退七

在优势兵力的情况下，把马退回到攻守兼备的最佳位置，让对方慢性自杀，最终红胜。

第166局　运马过卒闹九宫

如图166形势，这是选自2007年第6届"嘉固杯"象棋赛中的一盘女子对局。黑方在车马被拴的情况下，及时吃相强兑车，有意走成无车棋，使局势向有利于自己的方向发展，最后多兵取胜。实战如下：

1. ……　马6进5

踏相兑车，以子活阵畅斗无车棋，佳着。

2. 车四进六　马5进3

3. 炮三平六　士5进6

4. 马二退四　后马进4

5. 马四进三　象3进5

飞象舍士，细腻。如士4进5，马三

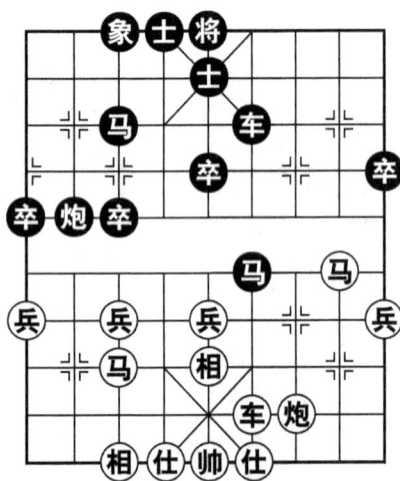

图166

进五，象3进5，马五退六，红方阵形得到改善。

6. 马三进五　……

如马三进四，将5进1，黑方中卒得到保留，红方更不利。

6. ……　马4进3　　**7. 仕四进五　炮2进4**

8. 仕五进六　卒3进1　　**9. 帅五进一　炮2退1**

10. 马五退四　卒3平2　　**11. 帅五平四　炮2平4**

过卒、轰仕，黑方由此确立优势。

12. 马四退六　前马进1　　**13. 炮六平九　卒1进1**

14. 兵九进一　卒 2 平 1　　15. 兵五进一　炮 4 平 8

16. 马七进五　炮 8 退 6　　17. 兵五进一　卒 1 进 1

18. 炮九平五　马 1 退 2　　19. 马六退七　炮 8 平 6

20. 马五进四　马 3 进 4　　21. 炮五进六　马 2 退 3

22. 马七进六　马 4 退 5　　23. 帅四平五　马 5 进 7

24. 帅五进一　卒 1 平 2　　25. 炮五退一　卒 2 平 3

炮卒双马左右合围，前呼后应，红已难抵挡。

26. 马六进七　马 7 退 6　　27. 帅五平六　马 3 退 5·

28. 帅六退一　马 5 退 3　　29. 马四进六　炮 6 平 4

30. 帅六平五　马 6 退 5　　31. 马七进五　马 3 进 4

32. 马六进八　炮 4 平 9　　33. 马八退七　马 4 退 5

以下马七进五，炮 9 进 5，炮双卒双士必胜马单仕相，红方认输。

第167局　马动炮移两面攻

如图 167 形势，这是选自 2001 年全
国象棋团体赛中的一局棋。黑方抓住红
方缺双相的弱点，运马调炮两面夹击，
使红方在防不胜防的攻势下败下阵来。
实战如下：

1. ……　　　马 3 进 2

2. 仕六进五　炮 2 平 7

3. 仕五进四　马 2 退 4

马炮移动，左右夹击，黑方迅速形
成攻势。

4. 帅五进一　炮 1 平 2

5. 炮八退二　炮 7 平 5

6. 帅五平六　炮 5 平 4

7. 帅六平五　卒 5 平 6

8. 帅五进一　马 4 进 2

9. 帅五退一　马 2 退 4

10. 帅五退一　马 4 进 5

11. 帅五退一　马 5 退 3

四子联攻，势不可当。

12. 帅五平四　炮 4 平 6

13. 炮九退一　卒 6 进 1

14. 帅四平五　将 5 平 4

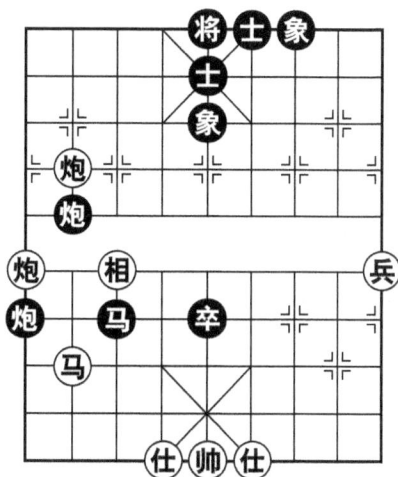
图 167

出将抢道，凶。

15. 炮八进二　炮 2 平 5　　　　**16.** 炮九平六　卒 6 平 5

17. 帅五平六　马 3 退 4

该出手时就出手，这时候回马枪吃炮恰到好处。以下马八进六，炮 6 平 4，马六退八，炮 5 平 4，黑胜。

第168局　运马助战凯旋归

如图 168 形势，这是选自 2001 年全国象棋团体赛中的一局棋。双方对攻激烈，各自的帅、将都已不安于位。黑方在少一子的情况下，果断地运马助攻，最后一气呵成。实战如下：

1. 马三进四　炮 2 进 1

2. 马四进三　将 6 进 1

3. 马三进二　将 6 退 1

4. 炮八进三　士 6 进 5

5. 马二退三　将 6 进 1

6. 炮八退一　……

炮双马左右夹击，老将不得安宁。

6. ……　　　马 1 退 3

7. 帅五平六　马 3 退 4　　　　**8.** 马三进二　将 6 退 1

9. 炮八平一　……

马后炮叫杀，厉害。

9. ……　　　马 4 退 6　　　　**10.** 马七退五　炮 8 退 1

11. 炮一进一　马 6 退 7　　　　**12.** 马五进三　将 6 进 1

13. 马三退二　将 6 平 5　　　　**14.** 后马退四

一气呵成，精妙杀局，红胜。

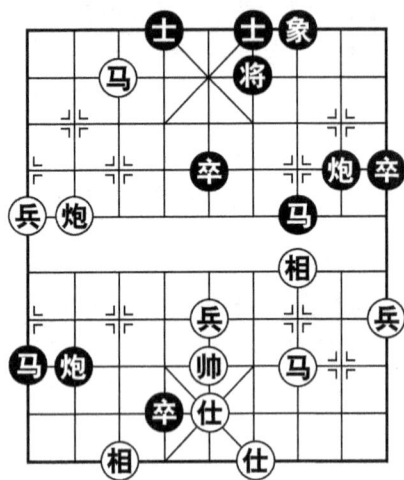

图 168

第169局　马炮联攻夺子胜

如图 169 形势，这是选自 2004 年第 15 届"银荔杯"赛中的一局棋。黑方利用红方少相和后马受制的弱点，及时运炮退马，重新组合子力发动猛烈攻势，终于攻破城池。实战如下：

1. ……　　　　炮2退4
2. 仕五进六　　炮2平5
3. 马七进九　　马7进5
4. 炮六平五　　马5退3
5. 炮五平七　　后马进4

炮双马联攻破仕，夺得优势而向前推进。

6. 帅五进一　　马4退3
7. 帅五平六　　前马退5
8. 帅六退一　　马3进4
9. 炮七平六　　马5进3　　　　　10. 帅六平五　　……

如改走马九退七，炮5平3，仕四进五，马4退6，黑方夺子胜。

10. ……　　　　炮5退2　　　　　11. 马三退一　　马4退5!

以下仕四进五，马5进3，仕五进六，后马进1，攻中夺马，黑胜。

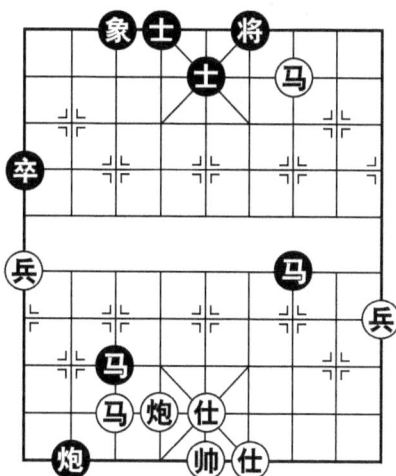

图169

第170局　退马抽炮施妙手

如图170形势，这是选自2004年"威凯房地产杯"全国象棋精英赛中的一局棋。红方利用黑方缺士的弱点，运炮奔马猛烈进攻，最后无车胜有车。实战如下：

1. 炮四平六　　卒3进1

黑方挺卒不如将5平6避一手。

2. 马五进四　　将5平6
3. 炮六平四　　车4平6
4. 马四进三　　车6平7
5. 前马退四　　车7平6
6. 兵二平三　　车6进2

如改走士5进6吃马，炮四进三下一

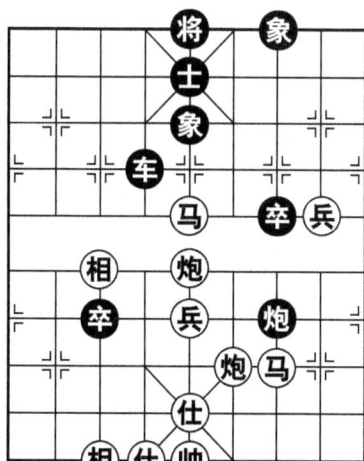

图170

手平炮打死车,红胜。

7. 马四退五　将6平5　　　**8. 炮五进三　……**

攻中破双象,再攻演杀局。

8. ……　将5平4　　　**9. 相七进五　卒3进1**

10. 相五退七　……

运相攻卒活炮,妙手。

10. ……　车6退2　　　**11. 炮四平六　车6平5**

12. 马五退六　士5进4　　　**13. 马六进七　车5平4**

14. 马七退五

踩双,红胜。

第171局　回马窝心巧兑子

如图171形势,这是选自2004年全国象棋甲级联赛中的一局棋。此局红方攻势猛烈,三大子力都集结在黑将周围,危险性较大,而黑方有一主力被红方压在后面无法参与进攻。面对这一不利局势,黑方将计就计把被压的黑马退回,强行兑掉红方有效的进攻子力而获胜。实战如下:

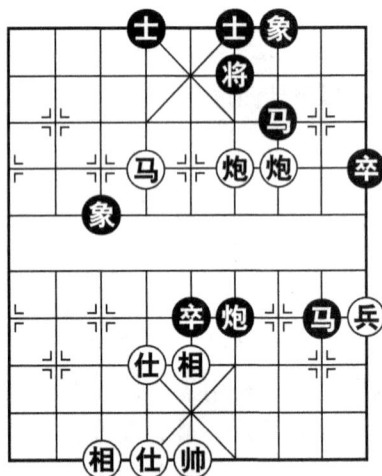

图171

1. ……　马7退5

退马巧兑,消除红方前沿攻势,简明有效,确保以后无后顾之忧,好棋。

2. 马六退五　马5进6

3. 马五进四　马8进7

4. 帅五进一　炮6退2

退炮鳖马,不让其回头守护,老练。

5. 炮三退四　士6进5　　　**6. 炮三平四　士5进6**

7. 马四进二　将6平5　　　**8. 马二退三　象3退5**

9. 马三进四　……

贪士不当。应马三进一吃卒,以后可回防,局势不至恶化。

9. ……　炮6平8　　　**10. 炮四退一　卒5平6**

11. 帅五平六　　卒 6 进 1　　　　　**12.** 炮四退一　　卒 6 进 1

13. 炮四平三　　马 7 退 6

紧攻入杀，以下仕六退五，炮 8 进 4，黑胜。

第172局　弃马杀相施抢攻

如图 172 形势，这是选自 2000 年全国象棋团体赛中的一局棋。黑马在激烈对攻中被困死，黑方"见死不救"，而是弃马杀相猛攻对方的弱点。红方因后防空虚而被对方攻破。实战如下：

1. ……　　　　前马进 5

弃马杀相抢攻，佳着。

2. 炮四平六　　炮 8 平 4

3. 炮六进六　　将 5 平 4

出将管炮，赢得时间，妙。

4. 兵六进一　　马 5 退 7

5. 仕五进四　　象 7 进 5

6. 马七退六　　炮 5 退 2

7. 炮六平八　　卒 7 平 6

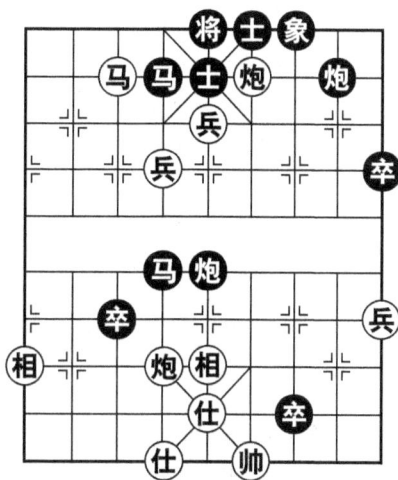

图 172

8. 帅四平五　　马 7 退 5

9. 仕六进五　　马 5 退 4

黑得子胜。

第173局　退马扫兵多卒胜

如图 173 形势，这是选自 2003 年第 23 届"五羊杯"全国象棋冠军赛中的一局棋。此局棋很有趣，双车兑完以后，其余子力俱全。无车棋论胜负，很多时候在于对兵卒的争夺和培养，黑方做到了这一点。实战如下：

1. ……　　　　炮 8 退 3　　　　　**2.** 马八退九　　马 3 进 4

3. 炮七退一　　炮 7 进 4

抢道出子，炮打三兵，组织进攻。

4. 炮七平九　　马 4 进 6

5. 马三退二　　炮 8 进 1

6. 马二进一　　炮 7 平 9

"顺手牵兵"，即刻占多卒优势。

7. 兵五进一　　炮 8 退 1

8. 马九进八　　马 6 进 5

杀相兑子，扩大优势。

9. 马八进六　　马 5 退 7

10. 炮九进五　　炮 8 平 1

11. 仕五进四　　马 7 退 5！

再扫兵，摧枯拉朽，黑方净多三个
卒。红方至此放弃续弈，黑胜。

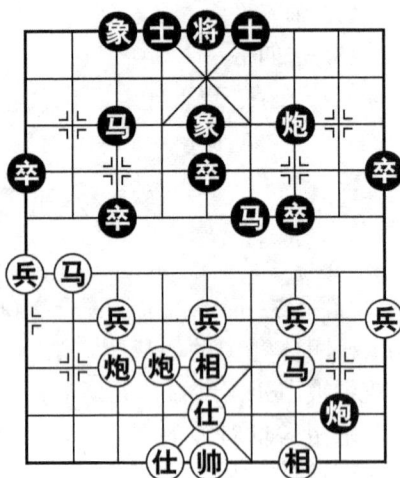

图 173

第174局　　退马兑子脱纠缠

如图 174 形势，这是选自 1986 年全
国象棋个人赛中的一局棋。无车棋双方
往往纠缠较紧，实战中红方巧妙兑子摆
脱纠缠，同时又破象过兵，取得了优势。
实战如下：

1. 炮八进二　　……

进炮顶马，扬己抑彼的抢先之着。

1. ……　　　　炮 1 进 1

2. 马九退七　　炮 1 退 2

3. 炮七平八　　炮 1 平 2

4. 马七进六　　卒 1 进 1

5. 兵五进一　　卒 1 进 1

6. 兵七进一　　……

双炮吊马炮，继而冲中兵及七兵，先手在扩大。

6. ……　　　　象 5 进 3

以象换兵，无奈。如改走炮 2 进 2，兵七平六，卒 1 进 1，马六进八，黑
方底马难保。

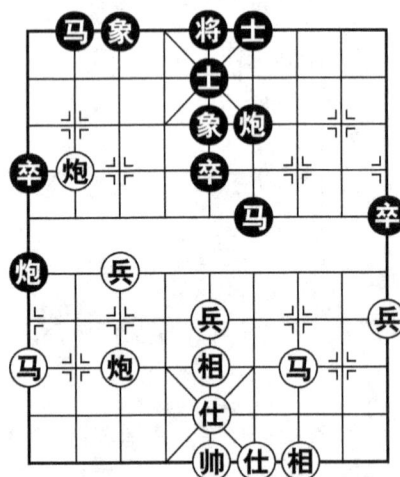

图 174

7. 马六进七　马6进4　　　　**8.** 马三进四　炮6进2

9. 马七退八

兑子抢攻，摆脱纠缠，简化局势，佳着。黑方缺象且黑马被压，红方掌握了主动，结果红胜。

第175局　金枪运马入杀局

如图175形势，这是选自1998年全国象棋女子团体赛中的一局棋。此局面黑方少一卒，红方少一相，子力基本平衡。实战中黑方凭借马炮位置较好的优势，及时运马抢得优势而获胜。实战如下：

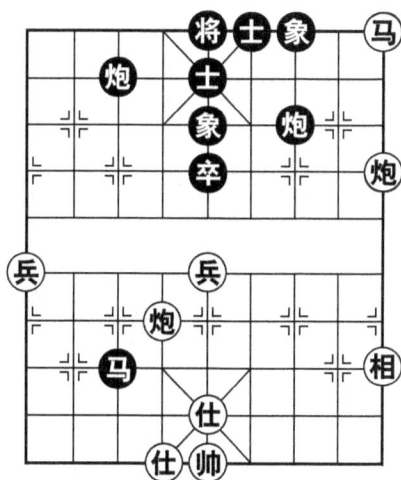

图 175

1. ……　　　　　马3退2!

2. 炮六平七　马2进1

3. 炮七退一　马1进3

4. 帅五平四　马3退5

5. 相一进三　马5退7

6. 马一退二　马7退5

六步运马，步步到位，既吃掉中兵，又形成双炮马联攻优势，走得好。

7. 兵九进一　炮7平6　　　　**8.** 帅四平五　炮3进3

9. 炮一退二　马5进7　　　　**10.** 炮一退二　炮6进3

双炮及时调位，组成合力，向前推进。

11. 兵九平八　炮3平5　　　　**12.** 炮一平五　炮6平1

13. 马二退四　炮5进2

顶炮压住中路，马炮左右合拢，紧凑有力。

14. 帅五平四　马7进8　　　　**15.** 帅四进一　炮1平6

16. 马四退二　炮6退1　　　　**17.** 炮五平二　炮5平6

18. 马二退四　前炮平9

侧攻入杀，黑胜。

第176局　退马捉双巧夺子

如图176形势，这是选自1998年全国象棋团体赛中的一局棋。双方大子均剩双马一炮，红方多一过河兵。实战中红方凭借这一优势，双马炮兵四子联攻，夺子获胜。实战如下：

1. 马八进七　马5退4
2. 马五进七　马7进5
3. 兵七平六　将5平4
4. 炮八平六　炮9平1
5. 马七退五　……

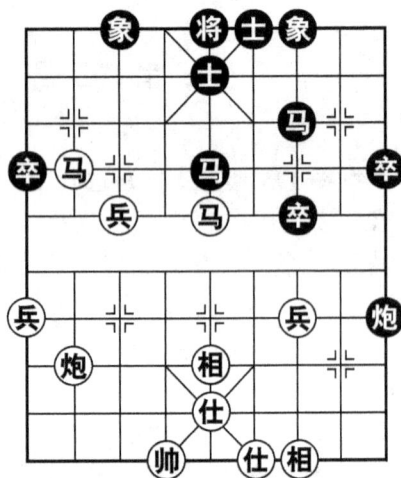
图176

双马炮兵四子联攻，迅速取得攻势。现在退马防炮，攻守兼备，佳着。

5. ……　　　马5退7
6. 兵六进一　马7进6
7. 马七退八　马6进7
8. 炮六进一　炮1退2
9. 帅六平五　马7退5
10. 马五进七　马5退4

如炮1平4，马七进八，打将抽炮，红胜。

11. 马七进六　将4平5
12. 马六退五　炮1平5
13. 炮六进二　象3进5
14. 马八退七!

捉双再夺子，红胜。

第177局　运马冲兵争胜势

如图177形势，这是选自1998年全国象棋团体赛中的一局棋。此时双方正在对抢先手，黑卒已渡河，中兵又在黑炮射程之内。实战中红方利用河口马的威力，即刻冲锋陷阵踏马攻卒，随后火速过兵围剿黑马，一举奠定了胜局。实战如下：

1. 马三退五　象5退3

红方轻子重势，不吃过河卒，而把眼光看得更远，回中催杀进兵，给了黑方致命的攻击。

2. 兵七进一　炮 9 退 1

3. 相一进三　……

飞相拦挡，好棋。

3. ……　　　卒 9 进 1

4. 兵七进一　马 3 退 1

5. 炮五平九　象 3 进 1

6. 炮六平九　马 1 退 3

7. 兵七进一　炮 9 平 7

8. 兵七进一　炮 7 退 4

9. 兵七进一　……

围剿夺马，奠定胜势。

9. ……　　　象 1 退 3

10. 后炮平五　马 9 进 7

12. 马七进六　卒 8 平 7

14. 炮五进一　炮 7 平 6

多子伏杀势，红胜定。

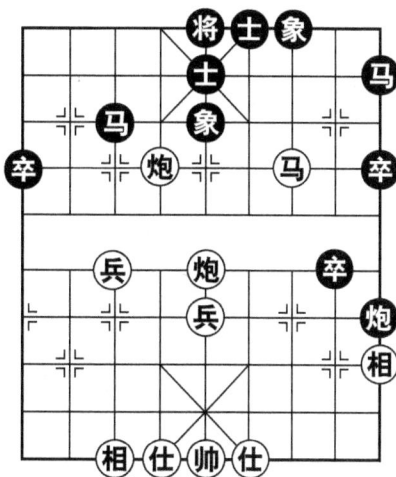

图 177

11. 马五退七　象 3 进 5

13. 帅五进一　卒 7 平 6

15. 帅五平六

第178局　运马请将上宫顶

如图 178 形势，这是选自 1984 年全国象棋个人赛中的一局棋。此局双方仕相（士象）齐全，都有兵卒过河，只是黑方战马受压。红方利用这点微弱的优势，马双炮联合进击，连吃带打，几度先弃后取，最后以齐全的兵种破象入城。实战如下：

1. 马六进八　炮 3 平 4

2. 炮七平六　卒 4 平 5

3. 炮八平七　炮 9 退 1

马双炮联动抢先，步步到位。黑如改走马 3 进 2，炮七进四，红方有攻势。

4. 炮七进四　马 3 退 1

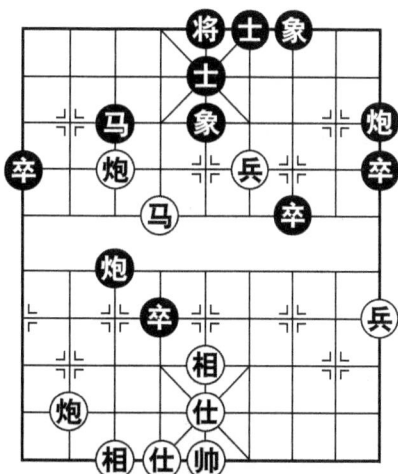

图 178

5. 马八退七　马1退3　　　　**6.** 炮七平八　马3进2

7. 炮六平一　卒1进1　　　　**8.** 马七进八　马2退3

9. 炮八平五　将5平4　　　　**10.** 马八退六　卒1进1

11. 马六进七　将4平5　　　　**12.** 兵四进一　……

以上一段，红方连攻带吃，马双炮不断推进。现在兵冲九宫，扩大攻势，好棋。

12. ……　　　马3进4　　　　**13.** 炮一平六　炮4平2

14. 炮五退一　炮2退4　　　　**15.** 兵四平五　……

劫象突破，先弃后取，佳着。

15. ……　　　象7进5　　　　**16.** 炮六平五　马4进5

至此出现中路顶格直线趣景，这在无车残局中尤其难得，奇也。

17. 后炮平二　炮9平8　　　　**18.** 炮五退三　马5退3

19. 兵一进一　炮2进3　　　　**20.** 炮二平五　炮2平6

21. 后炮进四　……

再破象，先弃后取，在简化中保持优势，紧凑。

21. ……　　　马3退5　　　　**22.** 马七退六　将5平4

23. 马六进五　炮6进2　　　　**24.** 炮五进二　卒7进1

25. 兵一进一　卒7进1　　　　**26.** 炮五平三　炮6退4

27. 炮三进三　将4进1　　　　**28.** 炮三退一　将4进1

马炮兵仕相全攻双炮双卒双士，黑方兵种差，只有招架之功而无还手之力。如改走将4退1，马五退七，炮6平3（如士5进4，炮三平九，将4平5，马七退五，红优），炮三进一，将4进1，炮三退五，将4退1，马七退六，红方优势。

29. 马五退六!

此步退马很讲究，不能随便马五退四，因下步没有将军吃卒和逼将上官顶的棋。现在黑必保边卒，下步就有了请将上官顶的机会。下面接走卒1进1，马六进四，将4平5，炮三退一，炮6退1，兵一平二，红方马炮兵联攻，最后红胜。

第179局　挺兵跃马夺子胜

如图179形势，这是选自2002年第13届"银荔杯"象棋超霸赛中的一局棋。双方大子均等，红方虽有一兵渡河但亏了一相，防守上带来一定的麻烦。

黑方的弱点是子力分散，实战中红方利用对方弱点，运炮跃马发动联攻，抢先拿下阵地。实战如下：

1. 炮六平七　马3进4

攻马切中要害，佳着。黑如改走象3退5，马九进七，红优。

2. 炮五进四　马7退9

3. 马九进八　马9进8

4. 马八进六　马8进7

5. 帅五平四　炮7退2

6. 炮七进二　……

高炮，发动马双炮联攻，好棋。

6. ……　　　将5进1

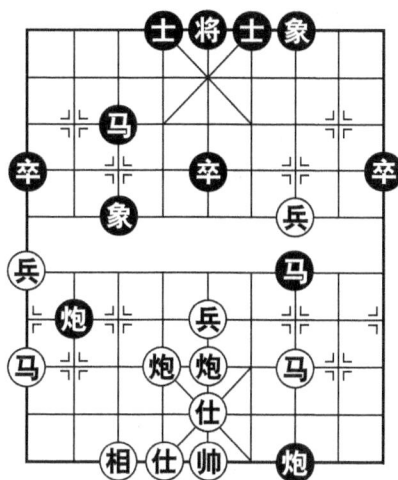

图179

7. 炮七平五　将5平4

8. 后炮平六　将4平5

9. 马六进七　将5进1

10. 马七进六　将5退1

11. 马六退七　将5进1

12. 马七退六　将5退1

13. 马六进四　将5退1

14. 炮六平五　将5平4

15. 前炮平六　将4平5

16. 马四进六　将5进1

17. 炮六平五　将5平4

18. 马六退七！

红方马双炮一路追杀，黑方少卒残士象，红方胜势已定。

第180局　退马边路破封锁

如图180形势，红方虽然有车马炮兵的兵种优势，但双车被封住，一时难以发挥作用。目前如何突破封锁，扩大先手，是亟待解决的问题。经过一阵思考之后，红方巧回边马踏炮，有力地打击了双炮封制的威力，扩大了优势。红方先行：

1. 马三退一　炮8退1

2. 相三进五　车2进4

3. 炮五退二　车8进4

4. 兵七进一　车2进1

红方进七路兵是精巧之着，黑方如改走卒3进1，则炮五进一打双车，红方胜势。所以，只好让红方白过一兵，红方优势。

5. 兵七进一　卒7进1

6. 兵三进一　车2平5

7. 兵三进一　车5进1

运车吃掉红方中炮，准备交换子力，谋求和局，但被红方巧进三路兵兑车，其打算仍未实现。

8. 兵三平二　炮8平2
9. 车八平九　后炮平5
10. 仕四进五　车5平9
11. 马一进二　炮5进1
12. 马二进四　炮5退1
13. 兵二进一　象5进7
14. 马四退二　象7退5
15. 车九平八　炮2平7
16. 车八进三　炮7退5
17. 兵二进一

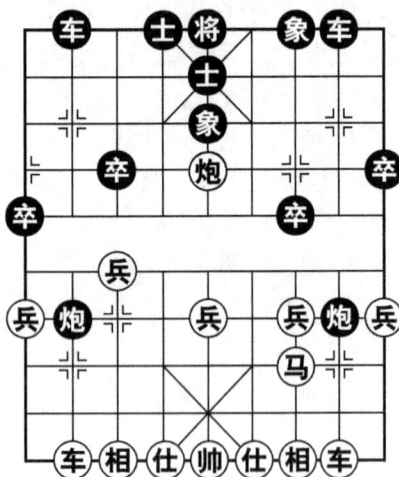

图180

红方运用弃子取势的技巧，获得了成效，取得了胜局。

第181局　扬鞭跃马演妙局

如图181形势，这是一盘由夹马炮对屏风马演成的布局阵势。红方抓住黑方还未挺3路卒的机会，及时压马，再上中马冲兵，发起猛烈的中路攻击。在双方攻守紧张激烈之时，红方突施回马枪，巧夺黑方一子而取得胜利。实战如下：

1. 车二平三　马7退6
2. 车三退一　象7进5
3. 车三退一　炮8平7
4. 马七进五　车8进3
5. 车九进一　卒3进1
6. 车九平四　马3进4

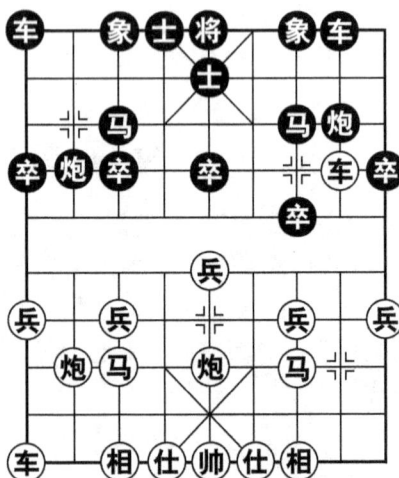

图181

如改走车8平7，车三进二，炮2平7，车四进五，前炮进4，炮八平三，马3进4，车四进二，炮7进5，马五退三，黑方左翼兵力空虚，红占优。

7. 兵五进一　马4进5　　　　8. 马三进五　卒5进1

9. 车四进七　炮7平6

空着，结果被红方进马后闪出中炮伏杀，不仅使黑打死车的计划落空，反而造成失子。不如改走卒5进1送卒，可暂阻红方攻势。

10. 马五进四　车8平6　　　**11.** 炮五平二　马6进8

12. 车三进五　士5退6　　　**13.** 马四退二！

这步回马枪妙极了！使黑方到了嘴边的红马逃脱，反而给自己守家的黑马带来了极大的威胁。以下车1进1，车四平九，象5退7，车九平二得子，红胜。

第182局　退马夺车争优势

如图182形势，这是选自2003年全国象棋团体赛中的一局棋。双方在激烈对攻中，实战如下：

1. ……　炮2平5

2. 炮五进四　……

黑方炮打中路，兑车抢先，红方反轰中路贪车，不当。一个回合，优劣易手。应改走仕六进五，车2平3，相三进一，马7退5，马四进六，炮5退2，车八进四，炮7平9，车八平四，马5退7，马六进七，车3退1，前车平五，车8进2，兵三进一，弃子抢攻，红方优势。

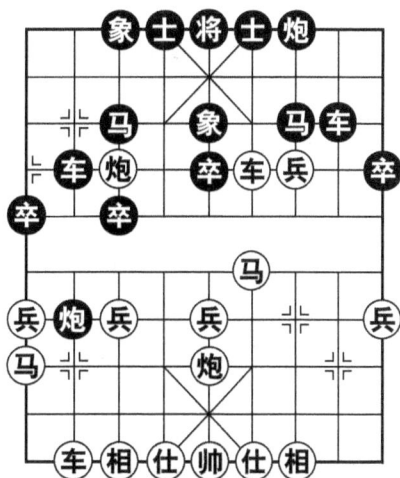

图182

2. ……　马7进5

3. 车八进六　车8进6　　　**4.** 兵三平二　……

黑有炮3进9的杀棋，红不得不让兵。

4. ……　马5进4　　　**5.** 炮七平五　士4进5

6. 车八退四　马3进5　　　**7.** 马四进五　炮7进4

8. 车四退二　马4进6　　　**9.** 车八平四　炮7平5

10. 前车平五　车8退3　　　**11.** 车五进一　马6退5

这一段，黑方车插下二路，马双炮"抢空攻入"，着法漂亮，夺回弃车，争得优势。

12. 马五进三　车8退2　　　**13.** 马三退四　车8平6

14. 马九退八　炮5平1　　　　15. 马八进七　炮1平9

16. 车四平一　炮9退2　　　　17. 马四退五　车6进3

18. 车一进二　马5退6!

这步马退得很深沉，下一步一跃河口就可以大大的升值了。以下相七进五、马6进7，车一平三，炮9进2，马五进六，炮9平3，黑方净多三卒，兵种又好，胜定。

第183局　双马抢珠演妙局

如图183形势，这是选自1987年全国象棋个人赛中的一局棋。此时双方大子已经短兵相接。黑方利用兑子的机会精心运马，最后演绎出双马抢珠的妙局。实战如下：

1. 炮五退一　……

退中炮意在形成叠炮加强中路进攻力量，但粗糙未细察，授人以隙。应改走兵三进一或炮九退一，红持先手。

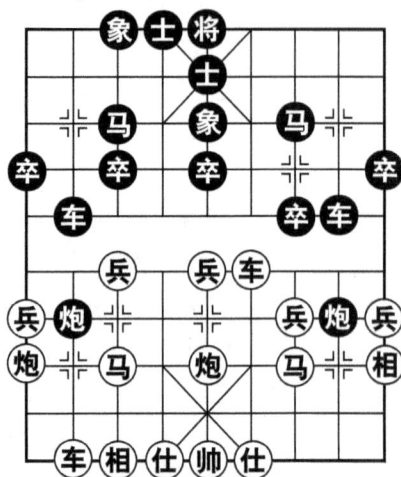

图183

1. ……　　　炮2平3

黑方平炮强压，有效的防守反击，一步之内，得失于瞬间。

2. 相七进五　车2平6

同样兑车，选择正确。

3. 车四进一　马7进6　　　　4. 兵五进一　卒5进1

5. 兵七进一　车8退1　　　　6. 车八进四　马6进7

7. 兵七进一　车8平3　　　　8. 车八平二　……

一阵拼抢，黑方多卒子活，红方已失先手。如改走炮五进四，车3平5，黑优。

8. ……　　　卒5进1　　　　9. 炮五进三　车3平5

10. 炮五退一　炮8平5　　　　11. 马三进五　马7退5

12. 炮九退一　马3进4　　　　13. 炮九平五　马4进2

中路争夺，奔马扑槽，黑方攻势在手。

14. 马七退八　马2进4　　　　15. 相一退三　马5退3

黑退马的目的就是要大踏步前进！以下如续走马八进七，马3进2，马五进四，马4进6，炮五平四，马2进3，帅五进一，车5进4，黑胜。

第184局　曲线跃马立战功

如图184形势，这是选自2003年全国象棋甲级联赛中的一局棋。此局棋双方经过一番抢兑，黑方巧妙渡卒，灵活运马，黑马从右底线迂回运到敌方前线，荣立战功凯旋。实战如下：

1. 炮五进四　……

抢中卒，侧翼受攻，得不偿失。失先于瞬间。应改走炮五平七，黑如车2进7，炮七退一，车2平8，车六退二，红方占先。

1. ……　　　卒3进1

冲卒反击，河沿抢先，好棋。顷刻得势。

2. 相三进五　炮6进1

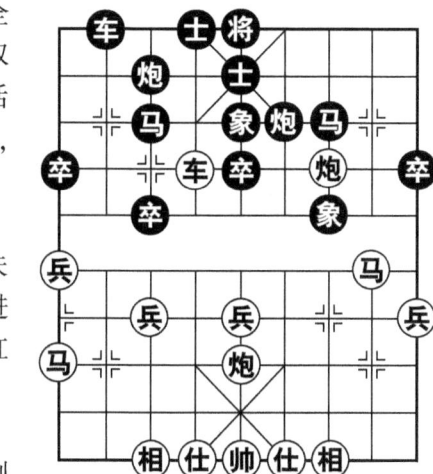

图184

3. 炮五进二　……

轰士兑子，无奈。如炮五退一，炮6平5，黑先。

3. ……　　　炮6退2		**4. 炮五平六**　卒3进1	
5. 炮六退一　马7退8		**6. 炮三平五**　炮6平5	
7. 炮五进二　士4进5		**8. 车六平二**　炮3退1	
9. 炮六退三　马8进6		**10. 马二进四**　卒3进1	
11. 马四进六　车2进1		**12. 马九进八**　卒3平4	
13. 马八退六　卒4平5			

一番拼抢，黑卒长驱直入，杀相打开缺口。

14. 相七进五　马6进5		**15. 炮六平七**　车2平4	
16. 前马进七　将5平4		**17. 马六进五**　车4进8	

再破仕，扩大优势。

18. 帅五进一　车4退5		**19. 兵五进一**　马5进3	
20. 车二退三　前马进1		**21. 车二平八**　马1退3	
22. 车八退三　车4退3		**23. 炮七进三**　车4进7	

24. 帅五退一　炮3进2　　　25. 仕四进五　马3进4

兑子推进，黑方跃马攻中，红已难应付。

26. 车八平六　马4进6　　　27. 帅五平四　车4进1

28. 仕五退六　马6退5！

这个回马枪走得精彩，终于把红方的中兵给消灭了。以下黑方凭借多卒且兵种优良而获胜。

第185局　金枪救驾马回宫

如图185形势，这是选自2004年"威凯房地产杯"全国象棋精英赛中的一局棋。此局红方在对攻中发力过急，结果被黑方抓住机会，左右包抄，迅速入局。实战如下：

1. 炮八平五……

硬架中炮，洞开九宫门户，贪攻而忘守，顿失先手于瞬间，败着。应改走兵一进一，静观待变。

1. ……　　　车2进9

2. 帅五进一　车2退1

3. 帅五退一　炮8进6

车炮迅速切入，形成左右包抄之势，立刻得手。

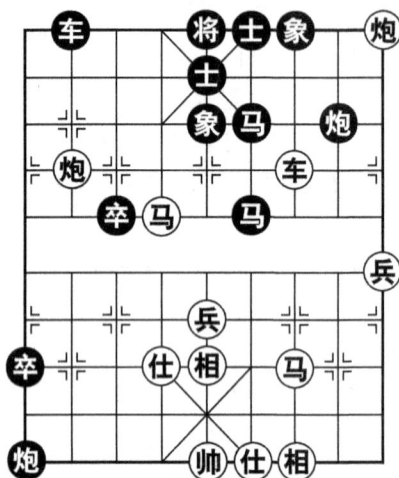

图185

4. 车三进二　前马退4　　　5. 车三平四　将5平4

6. 炮五进二　炮8平3　　　7. 炮五平九　卒1平2

8. 车四进一　将4进1　　　9. 车四退一　马4退5！

双马护驾，红方奈何不得；黑方车双炮已成杀局，至此红方认负。

第186局　回马亮车退为进

如图186形势，这是选自1993年全国象棋团体赛中的一局棋。从局面分析，红方的问题主要是红车暂时开不出去。红方认真分析后，采取回马弃子攻

杀的战术，一气呵成，妙演杀局。实战
如下：

1. 马八退七！……

回马亮车，最终目的是为前进，
佳着。

1. ……　　　车 1 平 3
2. 炮六进六　……

弃马炮侵象腰，开展车双炮侧攻，
看得清，算得准，攻得巧。

2. ……　　　车 3 进 1
3. 炮九进七　将 5 平 4
4. 炮六平七　马 3 退 1
5. 车八进八　将 4 进 1
6. 炮七平九　将 4 进 1
8. 后炮平七

一气呵成，红胜。

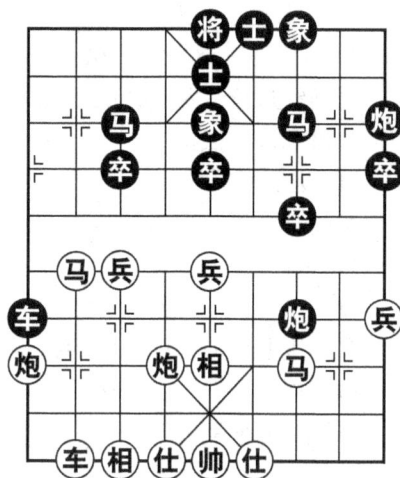

图 186

7. 车八退一　将 4 退 1

第187局　车驰炮飞马助威

如图 187 形势，这是选自 2004 年全
国象棋团体赛中的一局棋。此局情况分
析，黑方车马炮归边，将很快进入杀局，
而红方的马还蹩在后方。实战中红方找
到了进攻的妙策，即采取架炮引车、退
马出击的办法。实战如下：

1. 炮六平五　车 2 平 5

架中炮发难，黑如改走将 5 平 6，车
二进一，将 6 进 1，兵一进一，以后跃出
边马，红方胜势。

2. 马一退三　车 5 进 3
3. 马三进二　炮 3 退 5
4. 马二进三　炮 3 平 6
5. 车二进一　炮 6 退 4

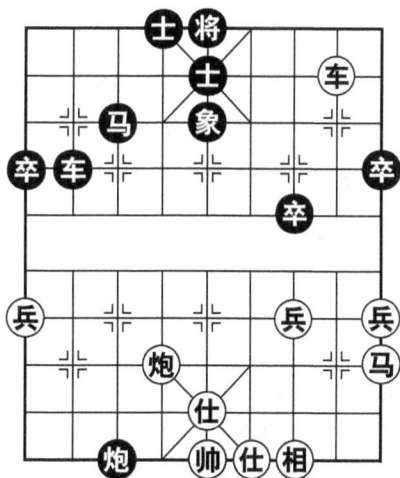

图 187

6. 马三进二　马 3 进 4

7. 兵三进一　士5进6　　　　8. 马二进一　士4进5

9. 车二退三　马4进6　　　　10. 马一退三　炮6进1

红马经过长途跋涉，疾驰到了战火纷飞的阵地，现在红方车马炮发动凌厉攻势，黑方极力抵抗。

11. 炮五平四　……

卧槽横马，肋炮吊打，车占卒林虎视左右，红方已经确立优势。

11. ……　　　　车5平1　　　　12. 车二平一　卒1进1

13. 车一进三　士5退6　　　　14. 炮四进五　……

轰士撕开黑方防线，向前推进。

14. ……　　　　象5退3　　　　15. 相三进五　马6进5

16. 仕五进六　车1平5　　　　17. 仕四进五　马5进7

18. 帅五平六　车5退4　　　　19. 车一平四　……

再破士，扩大优势。

19. ……　　　　将5进1　　　　20. 炮四退五　车5平7

21. 炮四平三　炮6进1　　　　22. 仕五进四　车7进3

23. 马三退四　车7进2　　　　24. 车四退二　车7平6

25. 仕六退五　车6退1

一阵兑子交换简化，车马斗法，红方先声夺人，捷足先登。

26. 车四进二　将5进1　　　　27. 马四退六！

黑方抵不住红方车连续不断的回马枪，后认负。

第188局　退马反击施巧手

如图188形势，这是选自1985年"敦煌杯"象棋邀请赛中的一局棋。此局形势，双方已到了白热化的程度，双方猛冲猛打，妙着迭出，经过紧张的兑子，黑方突施巧手，反击成杀。实战如下：

1. 马三进四　炮6进7

红方跃马争先，黑方弃炮轰仕，针尖对麦芒，即刻厮杀，局面骤然紧张起来。黑方能否突破，面临严峻考验。亦可改走炮6进2，红如兵三进一，炮2退2，炮六进四，马3进2，车八平九，卒3进1，对抢攻势。

2. 帅五平四　炮2退2　　　　3. 炮六进四　卒5进1

4. 炮六进一　炮2平6　　　　5. 车三平四　车2进9

舍炮夺车。

6. 炮六平三　车 2 平 3

至此，黑方抢攻还是吃炮？面临选择。现在杀相取势，显示胆魄，也是目前正确的抉择，如改走车 7 进 2，炮五进三，车 2 平 3，马七进五，车 7 进 3，马四进三，红方胜势。

7. 炮三平七　车 3 平 4

吃仕硬攻，必然，如改走车 3 退 1，炮五进三，车 7 进 5，马四退三，车 7 退 5，相三进五，红方胜势。

8. 炮五退二　车 7 进 5

如改走车 7 平 6，车四进三，将 5 平 6，马七进五，车 4 退 7，炮七进一，卒 3 进 1，兵七进一，车 4 平 3，兵五进一，卒 5 进 1，炮五进四，车 3 进 3，炮五进二，车 3 退 4，帅四平五，红方占优。

图 188

9. 相三进一　车 7 平 8　　　　**10. 马四退六　……**

退马连环，炮双马筑成内线防护墙，黑方双车难以逾越。

10. ……　　　车 8 进 4　　　　**11. 帅四进一　车 4 退 1**

12. 炮五进一　车 8 退 1　　　　**13. 帅四退一　车 4 退 1**

14. 炮七退一　车 4 平 7

退炮好棋，黑如车 8 平 5，炮七平六，红方夺车胜。

15. 炮五退一　车 7 退 7　　　　**16. 炮七平五　象 3 进 1**

17. 后炮平八　车 8 平 4　　　　**18. 炮八进九　象 1 退 3**

19. 车四进二　车 4 进 1　　　　**20. 马七退五**

巧手反击，一气呵成演杀局，红胜。

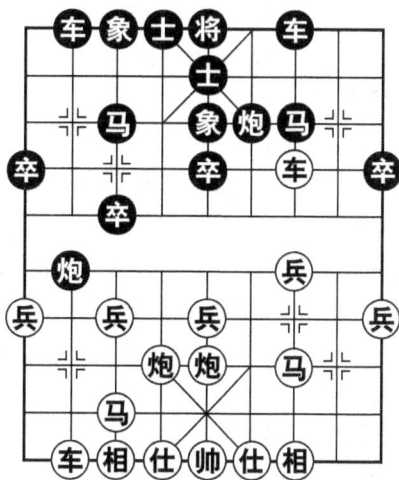

第189局　弃车踏马啸长空

如图 189 形势，这是选自 2009 年全国象棋团体赛中的一局棋。在平静的棋局下，黑方大胆连续弃子攻杀，走得出神入化，使红方只有招架之功，没有还手之力。实战如下：

1. ……　　　车 2 进 6

弃车杀炮，风生水起啸长空，妙。

2. 车八进二　马8进7

踏马挡炮通卧槽，又是妙，弃车后的连接手。

3. 马七退六　……

红方退马不及，如马三进五，马7进8，车八进六，士5退4，炮三平四，马6进7，炮四退三，马8退7，相五进三，车4进3，马七退六，后马进6，马五退四，车4进2，车八退六，红方可以抗衡。另如改走仕五进四，马6进4；又如马三退一（如马三退二，马7进8），马7进9，都是黑方胜势。

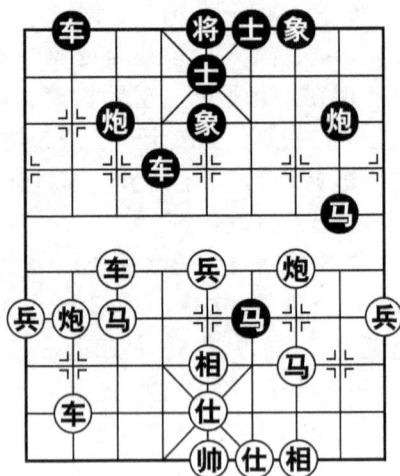

图 189

3. ……　　　马6进7

4. 帅五平六　炮3平4

再弃马，车炮肋道强攻，凶。

5. 车八平三　车4平2　　6. 马六进七　炮8进1

升炮，形成重炮杀势，厉害。

7. 炮三进二　车2平4　　8. 马七退六　车4平7

9. 车三平六　车7进4

连攻带吃，夺回弃子，且保持杀势，尽显棋艺魅力。

10. 兵五进一　马7退5　　11. 车七平二　……

踏相弃马再攻城，更是妙。红如改走相三进五，炮8进6，相五退三，车7进2，黑胜。

11. ……　　　车7进2

弃炮再杀相，真是连珠妙发，漂亮。红如车二进二吃炮，车7平6杀！

12. 帅六平五　马5进7

13. 帅五平六　马7退6

以下车二退三，马6进5踏仕，舍马入杀，五度弃子，精彩！黑胜。

第190局　扬鞭策马演妙局

如图190形势，这是选自1980年全国象棋个人赛中的一局棋。此局棋由于黑方缺了一士，红方抓住了机会，妙演了一场弃子攻杀的佳局。实战如下：

1. 车八进三　士5退4

2. 炮三进一　……

双车攻单士，犹如"雷公打豆腐"。此着弃子抢攻，配合双车行动，好棋。

2. ……　车3平7

如改走车8退2（如车3进1，炮三平五，红胜），炮三平五，车8平5，马七进五，车3平5，车八退三，车5平3（如马3退4，兵三进一，红胜势），车四退三，象7进5，车四进二，红方胜势。

3. 马七进六　……

扬鞭策马，再接再厉，紧凑。

3. ……　士4进5

4. 马六退五！……

回马金枪，踏车送马催杀，精妙！以下车7平5，马五进三，车8平4，车八平五弃车杀士，中心开花，红胜。

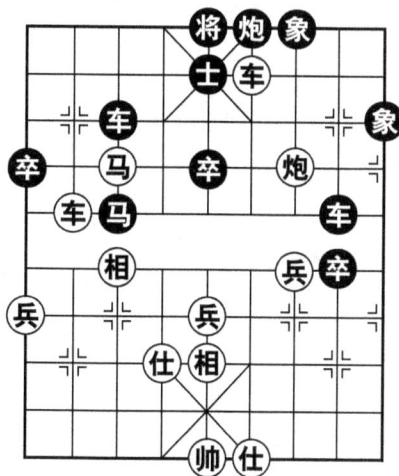

图190